Josiah Henson, Marie Schweikher

Wirkliche Lebensgeschichte des Onkels Tom

Josiah Henson, Marie Schweikher

Wirkliche Lebensgeschichte des Onkels Tom

ISBN/EAN: 9783743386686

Hergestellt in Europa, USA, Kanada, Australien, Japan

Cover: Foto ©ninafisch / pixelio.de

Manufactured and distributed by brebook publishing software (www.brebook.com)

Josiah Henson, Marie Schweikher

Wirkliche Lebensgeschichte des Onkels Tom

Wirkliche Lebensgeschichte

des

Onkels Tom

in

Frau Beecher=Stowe's „Onkel Tom's Hütte."

Frei nach dem Englischen

von

Marie Schweikher.

Cincinnati:

Verlag von Hitchcock & Walden.

1878.

(Uncle Tom's Autobiography.)

Vorwort.

Die wirkliche Lebensgeschichte des Onkels Tom, des Helden in der berühmten, in alle Sprachen übersetzten „Onkel Tom's Hütte" der Frau H. B. Beecher, ist uns gegeben in der vorliegenden Selbstbiographie des Predigers Josiah Henson.

Wohl werden Diejenigen, welche das ergreifende Kapitel von dem Tode des Helden in „Onkel Tom's Hütte" gelesen haben, — wodurch Tausende von Augen mit Thränen gefüllt und so viele Herzen von der Schönheit und Herrlichkeit wahrer Religion überzeugt worden sind, — es schwer finden, sich vorzustellen, daß Onkel Tom unter dem Namen „Josiah Henson" noch unter den Lebenden weilt. Denen aber, die beim Lesen von „Onkel Tom's Hütte" den Helden der ergreifenden Geschichte lieber am Leben erhalten gesehen hätten, müssen wir bemerken, daß

Frau Stowe von künstlerisch-literarischem Standpunkte aus „Onkel Tom" nothwendig sterben lassen mußte, wenn sie ihren Zweck, die Schrecken der Sklaverei und die Grausamkeit der Sklavenbesitzer in ihrem ganzen Umfange darzustellen, erreichen wollte, denn in Wirklichkeit wurden viele arme Sklaven durch die Brutalität ihrer Herren hingemordet. Daß aber Frau Stowe die erste Idee zu ihrem unsterblichen Helden von diesem selbst empfing, werden folgende Thatsachen klar beweisen:

Nachdem Josiah Henson ungefähr acht Jahre als freier Mann in Canada gelebt hatte, gab er eine Beschreibung seines 42jährigen Sklavenlebens im Jahre 1849 heraus. Das Buch zog sogleich die Aufmerksamkeit der Frau Stowe auf sich, die sich gerade um jene Zeit in ihrem Geiste viel mit der Sklaverei beschäftigte, indem sie dieselbe nicht blos als eine amerikanisch-politische Institution, sondern in ihrem Verhältniß zur Kirche und zum Christenthum betrachtete. Sie stimmte vollkommen mit dem guten und großen Johann Wesley überein, der die Sklaverei als den Inbegriff aller menschlichen Schurkerei bezeichnete, und sie sehnte sich darnach, ein Werk zu schreiben, das durch seine dramatische Macht zur Aufhebung des Sklavenhandels beitragen möchte. Wer möchte auch bezweifeln, daß sie durch ihren „On-

kel Tom" wirklich viel zum Sturze der Sklaverei bei=
trug? Der Prediger Henson folgte sogleich einer Ein=
ladung von Seiten der Frau Stowe und machte die=
selbe noch näher bekannt mit all den Einzelheiten seines
Sklavenlebens, so daß Frau Stowe tief in dasselbe
eingeführt wurde.

Georg Harris (der Gatte der Elisa) besuchte Frau
Stowe noch in demselben Jahre und theilte ihr auch
seine Erlebnisse mit, so daß theils aus den Erzählungen
dieser beiden Männer, theils aus Henson's Buch die
Verfasserin ihr Hauptmaterial für „Onkel Tom's
Hütte" sammelte, welches Buch im Jahre 1850 zuerst
veröffentlicht wurde. Die Wahrheit dieser Annahme
geht noch mehr hervor aus einem Schlüssel, den Frau
Stowe zur Erklärung ihres Werkes veröffentlichte und
der alle die Thatsachen und Urkunden wiedergibt, auf
welche ihre Erzählung gebaut wurde. Auf der 34.
Seite dieses Schlüssels schreibt Frau Stowe: „Lasset
den Leser den Bericht durchlesen, den Georg Harris von
dem Verkaufe seiner Mutter und ihrer Kinder gibt, und
dann denselben vergleichen mit dem Berichte des ehr=
würdigen Josiah Henson" u. s. w. Wir bezweifeln
nicht, daß die Verfasserin auch noch andere Quellen
hatte, aber daß Henson es war, der ihr die eigentliche
Idee zu ihrem Werke gab, geht klar aus der 52. Seite

des Schlüssels hervor, wo sie schreibt: „Ein letztes Beispiel als Parallele zu 'Onkel Tom' wird gefunden in
den veröffentlichten Erinnerungen des Josiah Henson,
der jetzt ein Prediger in Canada ist" u. s. w. Daß Letzterer auch seine Erlebnisse und Charaktere, die von Frau
Stowe geschildert, in „Onkel Tom's Hütte" wieder-
erkannte, geht hervor aus dem 24. Kapitel seines
Buches: „Frau Stowe's Charaktere."

Möge dieses den Lesern genügen, und möchten sie
durch die mitgetheilten Thatsachen völlig davon überzeugt sein und sich mit uns freuen, daß „Onkel Tom"
als „Prediger Josiah Henson" noch jetzt in Canada in
voller Wirksamkeit lebt. Wie viel er dort in vergangenen Jahren seines Lebens gewirkt und zur geistigen
Hebung seiner Brüder beigetragen, wird aus dem vorliegenden Buche zur Genüge hervorgehen.

Dem aufmerksamen Leser wird es jedoch wohl kaum
entgehen, daß Josiah Henson bei seinem christlichen
Bekenntniß und der Mannigfaltigkeit seiner geistlichen
Erfahrungen sich doch oftmals in Urtheil und Handlungen Schwächen hingab, die von ihm selbst zur Zeit
nicht erkannt wurden und sein Gewissen wenig ver-
letzten. Wer daraus den Schluß zöge, daß sein christliches Leben weniger ernst und tief war, als es sich doch
im Allgemeinen bei ihm offenbarte, der beurtheilt ihn

sicherlich falsch, und vergißt, daß ein Neger — aufge=
wachsen unter so traurigen Verhältnissen, und während
mehr als vierzig Jahren umgeben von Menschen, denen
jedes menschliche Gefühl abhanden gekommen zu sein
schien — anders beurtheilt werden muß, als ein unter
glücklicheren Verhältnissen aufgewachsener Christ, der
von Jugend auf mehr oder weniger unter dem Einfluß
der christlichen Ethik steht. Das Gute aber, das er
besaß, überstrahlt so sehr die kleinen Flecken, daß seine
Lebensgeschichte auch dem deutschen Leser nicht nur eine
angenehme Lektüre für etliche Stunden verschaffen, son=
dern ihm zu einem Segen werden wird. Auch ist zu
hoffen, daß sein Interesse an der Evangelisirung der
afrikanischen Stämme belebt werde durch das Leben
und Wirken dieses Negers, der durch den Einfluß des
Evangeliums wurde, was er war und ist.

Man kann sich nur freuen und denen dankbar sein,
die durch ihre freundlichen Gaben und durch ihr war=
mes Mitgefühl das Herz des alten Mannes bei seinem
letzten Besuch in London im Jahre 1876 erquickten und
ihm dazu verhalfen, die Summe von £1400 zu collek=
tiren, wodurch er nicht nur der vielen Schwierigkeiten
enthoben wurde, mit denen er in Canada zu kämpfen
hatte, sondern wodurch ihm auch eine kleine Unter=
stützung in seinem hohen Alter gesichert wurde.

Mrs. Harriet Beecher Stowe

hat der vorliegenden Autobiographie folgende Empfehlung
gegeben:

Die zahlreichen Freunde des Verfassers dieses Wer=
kes werden, um dasselbe willkommen zu machen, wohl
keine weitere Empfehlung bedürfen, als den Namen
des Authors. Unter all den interessanten Berichten,
die sich auf die amerikanische Sklaverei beziehen,
giebt es wohl keine, welche schlagender, charakteri=
stischer und lehrreicher wären, als die von Josiah
Henson.

Als Sklave in einem in Wirklichkeit heidnischen
Lande geboren, einem heidnischen Herrn angehörend,
wuchs er auf ohne christliche Erkenntniß und christ=
lichen Unterricht gleich den Heiden, von denen der
Apostel Paulus spricht: „Die das Gesetz nicht haben
und doch von Natur thun des Gesetzes Werk.“ Aber
es bedurfte nur einer Predigt, nur einer einzigen An=
erbietung des Heiles in Jesu Christo, um aus ihm
gleich dem Kämmerer aus dem Morgenland einen Gläu=
bigen zu machen und zugleich einen Prediger des Herrn.

Von der Wahrheit der großen christlichen Lehre,
seinen Feinden zu vergeben und Böses mit Gutem zu
vergelten, wurde er durch Gottes Gnade ein treuer

Zeuge, und zwar unter Umständen, die wirklich eines Menschen Seele auf die härteste Probe stellten und uns zu dem Ausruf nöthigen: „Herr, führe uns nicht in Versuchung." Gerade den Theil dieser Lebensgeschichte, der von diesen schweren Versuchungen handelt, möchte ich denjenigen der Leser an das Herz legen, die unter viel geringfügigeren Umständen sich für berechtigt halten, Böses mit Bösem zu vergelten.

Die afrikanische Rasse scheint wirklich bis jetzt uur Theilnehmer der Leiden Christi gewesen zu sein. In der traurigen Scene des Todes Jesu, bei der Europa in der Gestalt des Römers, der den Herrn zum Tode ver= urtheilte, vertreten war, und Asien in jenen Juden, die laut die Kreuzigung des Gotteslammes verlangten, trat Afrika auf in jenem Simon von Cyrene, der ge= duldig das Kreuz des Herrn trug. Und seit jener Zeit haben die Afrikaner sich abgemüht in harter Arbeit und haben das Kreuz der Verachtung und der Unterdrü= ckung dem Heilande nachgetragen. Aber wer mit dem Herrn gelitten, wird auch mit Ihm regieren! Wenn einst an dem großen Tage des göttlichen Gerichtes die noch ungeschriebenen Annalen der Sklaverei verlesen werden, dann wird mancher Simon, der das schwere Kreuz des Herrn bis an irgend ein unbekanntes Grab getragen, auferstehen, um Throne und Kronen zu ererben! Wahrlich, ein Tag wird kommen, wo der Herr auftreten wird für diese seine Verborgenen, und dann wird Mancher, welcher der Erste gewesen, der Letzte, und welcher der Letzte war, der Erste sein.

Andover, Mass.

Inhalt.

———— • ————

Mrs. H. Beecher Stowe's

„Onkel Tom.“

—◦◦◦◦—

Erstes Kapitel.

Meine Geburt und Kindheit.

Wenige meiner freundlichen Leser haben wohl tiefere Schmerzen, größere Freuden und wechselvollere Geschicke erfahren, als mein Leben darbietet. Wenn ich zurück blicke auf einen Zeitraum von mehr als achtzig Jahren und eine Begebenheit meines vergangenen Lebens nach der andern mir vergegenwärtige, so wird mein Geist von immer neuer Verwunderung über das Walten der Vorsehung ergriffen. Die Zeit hat die ernftesten und traurigsten Züge meines Lebens mit ihrer mildernden Hand berührt; die vergangenen Leiden erscheinen mir jetzt wie ein Traum und die schweren Erfahrungen geben mir nur immer auf's Neue Ursache, Gott zu danken, daß Er meine Seele in einem solch glühenden Schmelzofen und unter so schweren Schicksalsschlägen geläutert hat.

Ich wurde am 15. Juni 1789 in Maryland auf einer Farm, die nur wenige Stunden von Port To= bacco entfernt lag und einem Manne Namens Francis Newman zugehörte. An diesen war auch meine Mut= ter vermiethet worden von ihrem Eigenthümer, Dr. Jo= siah McPherson. Aus jener Zeit, die ich mit meiner Mutter auf Newman's Farm verlebte, erinnere ich mich nur noch eines einzigen, aber schrecklichen Umstandes: Ich sah nämlich eines Tages meinen Vater mit bluten= dem Kopfe und zerrissenem Rücken, außer sich vor Zorn und in den qualvollsten Schmerzen. Die Veranlassung davon war dies: Der Aufseher hatte meine Mutter auf die brutalste Weise behandelt und mein Vater, der es gesehen, war wie ein wüthender Tiger auf denselben losgestürzt und hätte ihn in seinem Zorne wohl ge= tödtet, wenn meine Mutter sich nicht für den Nichts= würdigen verwendet, und dieser selbst das Versprechen abgelegt hätte, daß er nie des Vorfalles erwähnen wolle. Dieses Versprechen wurde aber, wie dieses immer bei solch feigen und niederträchtigen Geschöpfen zu geschehen pflegt, nur so lange gehalten, als die Ge= fahr dauerte. Die Gesetze der Sklavenstaaten boten die unumschränktesten Mittel dar zur Befriedigung der Rache, und jener Bösewicht verfehlte nicht, davon Ge= brauch zu machen. „Ein Sklave hat einen Weißen ge= schlagen!“ Das war genug, um eine ganze Gegend in Feuer und Flammen zu setzen. Es wurde wenig dar= nach gefragt, wie die Sache sich zugetragen und was die Veranlassung dazu gewesen. Die Behörden fahndeten bald auf meinen Vater und er wurde zu 100 Riemenschlägen auf den entblößten Rücken, zur Festnagelung des rechten Ohres an einen Pfosten und Abschneidung desselben verurtheilt. Eine Zeit lang hielt er sich verborgen in den benachbarten Wäldern und näherte sich nur des Nachts einigen Sklavenhütten, um sich durch etwas Speise und Trank zu erquicken. Die Bewachung aber war so strenge, daß ihm alle seine Anstrengungen nichts halfen; die Wege, Nahrung zu erhalten, wurden ihm abgeschnitten, und halb todt vor Hunger mußte er sich endlich selbst den Händen seiner Peiniger überliefern.

Der Tag zur Ausführung des grausamen Urtheils war festgesetzt und die Sklaven der umliegenden Plantagen waren alle herbeibefohlen worden, um Zeugen der schrecklichen Scene zu sein. Ein kräftiger Schmied, Namens Helves, hatte die Streiche auszutheilen. Fünfzig derselben, während welchen man die Schmerzensschreie meines Vaters eine Viertelstunde im Umkreis hören konnte, waren schon gefallen, ehe eine Pause eintrat. Da er ein werthvolles Eigenthum war, mußte sein Leben erhalten werden. Ein zuverlässiger Mann fühlte daher seinen Puls und erklärte, er könne die ganze Strafe aushalten. Wieder fiel ein Schlag nach dem andern. Die Schmerzensschreie wurden aber schwächer und schwächer, bis endlich den letzten Schlägen nur noch ein dumpfes Stöhnen folgte. Jetzt ließ

man seinen Kopf an den Pfosten, nagelte das Ohr fest
und trennte es durch einen scharfen Schnitt vom Kör=
per. Ein lautes „Hurrah!" der entarteten Menge
folgte dem brutalen Akte und es ertönte der Ruf:
„Das hat er jetzt davon, einen Weißen geschlagen zu
haben." Die armen, ungebildeten, gesunkenen Weißen
waren gewöhnlich die Zeugen derartiger Scenen in
Maryland.

Vor diesem schrecklichen Fall war mein Vater ein
äußerst gutmüthiger, lustiger Mensch gewesen; er war
der Anführer bei allen Späßen zur Zeit der Ernte und
Weihnachtsfestlichkeit. Sein Tamborin brachte immer
Leben und Bewegung auf der Farm hervor und Nächte
lang konnte er bei veranstalteten Festen darauf spielen,
während die anderen Neger tanzten. Von dieser Stunde
an aber war er gänzlich verändert, düster, brütend und
mürrisch ging er umher und war zu nichts mehr zu ge=
brauchen. Er brütete über das Unrecht, das ihm ge=
schehen. Keine Furcht und keine Drohung, nach dem
fernen Süden verkauft zu werden — sonst der größte
Schrecken der Neger in Maryland — hatte einen Ein=
fluß auf ihn. So sandte man ihn denn zuletzt nach
Alabama. Sein späteres Schicksal haben meine Mut=
ter und ich niemals erfahren. Der große Tag des
göttlichen Gerichts wird aber auch dieses an den Tag
bringen.

Zweites Kapitel.

Meine erste schwere Prüfung.

Nachdem Newman meinen Vater verkauft hatte, wollte McPherson demselben auch meine Mutter nicht länger mehr vermiethen, und sie kehrte daher zu ihrem Eigenthümer zurück. McPherson war gegen seine Sklaven viel gütiger und freundlicher, als man es irgendwo antraf, und er hätte Niemanden gestattet, dieselben zu schlagen. Und selbst wenn von Seiten der Sklaven irgend eine Willkürlichkeit zu Tage trat, so konnte doch dieses ihn niemals zur Grausamkeit verleiten. Er war ein gutherziger, freisinniger und leutseliger Mann, und weil ich das erste Negerkind war, das ihm geboren wurde, so war ich sein ganz besonderer Liebling. Er gab mir seinen eigenen Vornamen Josiah und auch meinen zweiten Namen Henson nach einem Onkel von ihm, der als Offizier in der amerikanischen Revolution diente. Die Jahre, die ich mit meiner Mutter auf McPherson's Farm verlebte, bilden einen sonnigen Theil meines Lebens — hell und freundlich, aber ach, auch so flüchtig. Rasch nacheinander

traten Ereignisse ein, welche die ganze Aussicht meines
Lebens verändern sollten. Mein väterlicher Beschützer
war leider durchaus nicht frei von jenem Fehler, dem
nur zu leicht gesellige Naturen in einer ausschweifenden
Umgebung anheim fallen, der Neigung zu berauschenden
Getränken. Obwohl er seiner Gutherzigkeit wegen be=
rühmt war und seine Wohlthätigkeit keine Grenzen
kannte, so wurzelte doch diese verderbliche Leidenschaft
tiefer und tiefer, um so mehr, da er Einladungen zu
geselligen Gelagen nie widerstehen konnte. Die Trunk=
sucht wurde sein Verderben und führte endlich seinen
Tod herbei. Eines Morgens fand man ihn todt in
einem kleinen Flüßchen, das nicht einmal einen Schuh
Tiefe hatte. Den Abend zuvor hatte er einem Gastge=
lage beigewohnt, war auf dem Heimwege wahrscheinlich
vom Pferde gefallen, und zu betrunken, das kleine Flüß=
chen zu durchwaten, hatte er in demselben seinen Tod
gefunden. „Das ist die Stelle, wo Massa ertrunken
ist.“ O wie gut erinnere ich mich noch jener Worte,
mit denen man mir die verhängnißvolle Stelle zeigte!

Zwei oder drei Jahre hatte meine Mutter auf
McPherson's Farm mit ihren sechs kleinen Kindern
verlebt, während welcher Zeit wir so sehr glücklich
gewesen waren. Meine Mutter war eine brave,
fromme Frau und vor allen Dingen darauf bedacht,
unsere Herzen mit Liebe zur christlichen Religion zu
erfüllen. Wie sie die Erkenntniß von Gott und die
Bekanntschaft mit dem „Vaterunser“ erlangte, vermag

ich nicht zu sagen. Ich erinnere mich nur noch, sie oft
auf den Knieen gesehen zu haben im Gebet, und die
Ausdrücke, die sie oft wiederholte und die im Umfange
meines kindlichen Begriffskreises lagen, haben sich bis
heute meinem Gedächtnisse eingeprägt. Die glückliche
Zeit, in der wir als eine Familie zusammen lebten, war
jetzt leider für uns vorüber. Des Doktors Farm und
seine Sklaven sollten zum Verkauf ausgeboten werden,
damit seine Erben sich in den Erlös theilen könnten.
Die erste Anzeige, daß dieser Verkauf wirklich stattfin=
den sollte, die gewisse Aussicht, daß nun alle Bande,
die uns an die Vergangenheit knüpften, zerrissen werden
würden; der fast wahnsinnige Schrecken bei dem Ge=
danken, nach dem fernen Süden verkauft zu werden;
die Gewißheit, daß nun ein Glied der Familie von dem
anderen gerissen werden würde; die Angst vor den prü=
fenden Blicken der Käufer; der Schmerz, vielleicht für
immer von Mann, Frau und Kindern geschieden zu
werden, — das Alles muß gesehen und gefühlt werden,
um wirklich verstanden werden zu können. So jung ich
war, drang doch dieses Schwert tief in meine Seele
und die Erinnerung an die Auflösung von McPherson's
Farm hat sich mit den kleinsten Zügen tief meinem Ge=
dächtnisse eingeprägt. Die Menge der sich versammeln=
den Menschen; die verwirrten Gruppen der Neger; die
Untersuchung der Muskeln und Zähne; die veranstalte=
ten Proben zur Schaustellung der Behendigkeit; der
Blick der Käufer; die Angst meiner Mutter — o, ich

darf nur meine Augen schließen, um Alles wieder leib=
haftig vor mir zu sehen!

Meine Brüder und Schwestern wurden zuerst ver=
kauft, eins nach dem andern, während meine Mutter,
fast gelähmt vor Schmerz und Kummer, mich an ihrer
Hand hielt. Jetzt kam die Reihe an sie und sie wurde
von einem Manne Namens Riley, aus der Grafschaft
Montgomery, gekauft. Dann wurde ich feil geboten.
In diesem Augenblicke drang meine arme Mutter, fast
wahnsinnig bei dem Gedanken, von allen ihren Kindern
für immer getrennt werden zu sollen, durch die Menge
hin zu dem Platze, wo Riley stand. Sie fiel zu seinen
Füßen nieder, umklammerte seine Kniee und beschwor
ihn in Ausdrücken, wie sie nur einem Mutterherzen zu
Gebote stehen, sie nicht aller ihrer Kinder zu berauben,
und mit ihr doch wenigstens auch ihr Baby, ihr Jüng=
stes, zu kaufen. Wird es und kann es geglaubt werden,
daß dieser Unmensch ihren Bitten nicht allein ein taubes
Ohr entgegen setzte, sondern sich mit so heftigen Stößen
und Schlägen von ihr zu befreien suchte, daß sie ge=
zwungen war, aus seinem Bereiche zu kriechen, indem
sie das Stöhnen über körperliche Schmerzen mit dem
Schluchzen eines gebrochenen Mutterherzens ver=
mischte?! Als sie sich kriechend entfernte, hörte ich sie
ausrufen: „O, mein Herr Jesu, wie lange, wie lange
soll ich also leiden?!" Ich muß damals zwischen fünf
und sechs Jahre alt gewesen sein.

Ein Fremder Namens Robb kaufte mich. Er nahm

mich mit sich nach seiner etwa 40 Meilen entfernten
Wohnung und brachte mich dort gleich in das Neger=
quartier. Hier traf ich noch etwa vierzig andere Skla=
ven an, von den verschiedensten Altersstufen, Farben
und Zuständen, die sich aber durchaus nicht um mich
bekümmerten. Die Sklaven werden durch die brutale
Behandlung, die sie erfahren, oft so abgestumpft, daß
sie mit Anderen kein Mitleiden mehr empfinden.

Ich wurde bald recht krank und lag Tage lang wie
tobt auf dem Fußboden. Manchmal gab mir wohl ein
Sklave ein Stück Brot oder ein wenig gesalzenen
Häring; aber ich war doch bald so schwach, daß ich
mich nicht mehr bewegen konnte. Das war ein Glück
für mich; denn als bald darauf Robb dem Riley, der
meine Mutter gekauft, begegnete, bot er ihm an, doch
auch mich zu einem sehr billigen Preise zu kaufen.
Riley fürchtete allerdings, daß der kleine „Nigger" bald
sterben würde, willigte aber doch endlich ein, durch das
Beschlagen von Pferden einen kleinen Preis für mich
zu bezahlen, wenn ich am Leben bleibe, dagegen nichts
im Falle eines baldigen Todes. Da Robb Besitzer
eines Wirthshauses und zugleich Posthalter war, Riley
dagegen in einem Umkreis von fünf Meilen der einzige
Hufschmied, so wurden sie bald des Handels einig und
ich wurde zu meiner Mutter gebracht. O, welch eine
segensreiche Veränderung das für mich war! Dort
hatte ich auf dem schmutzigen Fußboden auf einem Hau=
fen alter Lumpen gelegen und Niemand hatte es gehört,

wenn ich nach einem Tropfen Waſſer wimmerte oder
nach meiner Mutter rief — jetzt war ich noch einmal
wieder mit meiner einzigen Freundin auf dieſer Erde
vereinigt. Freilich hatte meine Mutter wenig, um mich
zu verpflegen, aber ich genas doch und wuchs zu einem
ungewöhnlich kräftigen Knaben und Manne heran.

Jahre lang war ich dem Riley ein treuer Diener.
Er ſelbſt war grob und gemein in ſeinen Gewohnheiten,
grundſatzlos und grauſam in ſeinem gewöhnlichen Ver=
halten. Seinen Sklaven war wenig Gelegenheit gebo=
ten, ſich von ihren ſchweren Anſtrengungen zu erholen,
und die Mittel, ſich Nahrung zu verſchaffen, waren ſo
ärmlich als nur möglich. Wenn ein ſolcher Sklaven=
beſitzer ein Thrann iſt, dann werden die Sklaven nur
zu oft kriechend, betrügeriſch, falſch und biebiſch. Riley
und ſeine Sklaven bildeten auch keine Ausnahme von
dieſer allgemeinen Regel, ſondern könnten eher als eine
paſſende Illuſtration für die Wahrheit derſelben ange=
führt werden.

Drittes Kapitel.

Meine Knaben= und Jugendjahre.

Meine erste Beschäftigung bestand darin, den bei der Arbeit befindlichen Männern Eimer voll Wasser zuzutragen, oder einen Pferdepflug zu lenken, der zur Ausgätung des Getreides verwandt wurde; als ich größer wurde, vertraute mir mein Herr die Sorge für sein Reitpferd an. Bald darauf erhielt auch ich eine Hacke in meine Hand und hatte wie die Uebrigen eine volle Tagesarbeit zu verrichten; es währte auch nicht lange, so vollendete ich dieselbe so gut oder fast besser, als die Mitgenossen meines Elends.

Die Beschreibung des täglichen Lebens eines Sklaven auf den südlichen Plantagen charakterisirt sowohl die Gewohnheiten der Sklaven, als der Sklavenbesitzer, da dieselben natürlich bedingt werden durch die wechsel= seitigen Beziehungen der beiden zu einander. Die Hauptnahrung auf unserer Plantage bestand in Mais und gesalzenen Häringen; im Sommer kam noch ein wenig Buttermilch hinzu und das wenige Gemüse, wel= ches sich ein Jeder selbst ziehen konnte auf dem spär=

lichen Fleckchen Landes, das ihm zu diesem Zwecke
angewiesen war.   Gewöhnlich hatten wir zwei regel=
rechte Mahlzeiten, eine um 12 Uhr, nachdem wir vom
Anbruch des Tages an gearbeitet hatten, die andere des
Abends, nachdem die übrige Tagesarbeit verrichtet war.
Zur Zeit der Ernte hatten wir eine Mahlzeit mehr.
Unsere Kleidung war aus Packleinwand verfertigt.
Die Kinder hatten nur ein Hemd und die älteren Leute
außerdem noch, je nach dem Geschlecht, ein Paar Hosen
oder einen Unterrock.   Im Winter erhielten wir dazu
eine runde Jacke oder einen Ueberrock, die Männer noch
einen wollenen Hut (einen in zwei bis drei Jahren) und
ein Paar grobe Schuhe in jedem Winter.   Wir wohn=
ten in Bretterhütten auf dem bloßen Erdboden, ein höl=
zerner Fußboden war ein unbekannter Luxus.   In einem
einzigen kleinen Raum duckten wir uns, zehn bis zwölf
an der Zahl, Männer, Frauen und Kinder, wie das
liebe Vieh, zusammen; Reinlichkeit und Anstand kamen
nicht in Betracht.   Betten oder sonstige Möbel befan=
den sich nicht in unserem Besitz.   Wir schliefen auf
Haufen alten Strohes und alter Lumpen, welche in
einen Bretterverschlag geworfen wurden, und mit einem
dünnen wollenen Teppich bedeckten wir uns.   Eine
Lieblingsgewohnheit der Sklaven war es, auf einem
hölzernen Brette zu schlafen, den Kopf auf eine alte
Jacke gelegt, die Füße an das langsam fortglimmende
Feuer hingestreckt.   Wind, Schnee und Regen hatten
ungehindert Zutritt durch die Spalten und Risse, bis

der Fußboden so feucht und morastig war, wie in einem
Schweinestall — das waren unsere Wohnungen. In
diesen elenden Räumen hatten wir die Nächte zuzubrin=
gen, und darin wurden wir gefüttert bei Tage. —
Hier wurden die Kinder geboren und die Kranken ver=
nachlässigt.

Trotz dieser Behandlung wuchs ich zu einem un=
gewöhnlich starken und robusten Burschen auf, dem es
in Spiel und Arbeit nicht leicht einer gleich thun konnte.
Ich war so lebhaft wie ein junger Ziegenbock, voller
lustiger Einfälle und konnte schneller laufen, besser
ringen, höher hüpfen und besser tanzen als alle An=
dern. Alles das veranlaßte meine Genossen und auch
meinen Herrn, mich als einen außerordentlich schmucken
Burschen zu betrachten und mir große Dinge zu pro=
phezeien. Natürlich glaubte ich daran nur zu gerne,
und mein Ehrgeiz wurde nicht wenig dadurch ange=
feuert. Ich glaube nicht, daß Julius Cäsar ehrgeiziger
nach der Kaiserkrone und den höchsten Würden strebte,
als ich es that bei irgend einer Wette in der Arbeit
oder im Spiel. Ein Wort des Lobes und der Auf=
munterung von dem kleinen Despoten, der uns regierte,
konnte mich für Monate lang beleben.

Gott sei gepriesen, daß trotz aller dieser widerwär=
tigen Verhältnisse doch der fröhliche Muth der Jugend
den Sieg davontrug. Die Neger sind überhaupt eine
leichtherzige Rasse und selbst ihre gefühllosesten und
eigennützigsten Besitzer vermögen nicht die Neigung

zum Frohsinn und zum Scherz aus ihnen heraus zu
schlagen; wenigstens gelang es dem alten Riley nicht
bei mir.   Ich hatte in jener Zeit viele fröhliche Tage.
Die Sklaverei that freilich ihr Bestes, mich elend zu
machen, aber in all die Erinnerungen an die jämmer=
lichen, feuchten Hütten, an erfrorene Füße, an die
schwere Arbeit unter den glühenden Sonnenstrahlen, an
Flüche und Schläge, mischt sich doch auch wieder das
Andenken an freundlichere Scenen, wie z. B. die lustigen
Scherze zur Weihnachtszeit, das Extra=Fleisch, das wir
zu der Zeit erhielten, unsere mitternächtlichen Besuche
der Obstgärten, das Auffangen und Braten kleiner
Hühner und allerlei andere lustige Streiche.   Der Gott,
der die Lämmer springen, die Kätzchen spielen, die Vö=
gel singen und die Fische hüpfen machte, gab auch mir
ein leichtes, fröhliches Herz.   Auf die lustigen Scenen
und die Freiheit, die wir zur Weihnachtszeit genossen,
wo unser Herr in seinen Anforderungen an uns bedeu=
tend herabging, folgten freilich immer wieder recht
traurige Tage, in denen Riley mehr fluchte und uns
stärker hetzte als je, aber wir hatten doch etwas genossen
und das konnte er nicht ändern.   Außer diesen ange=
nehmen Erinnerungen gibt es aber für mich auch noch
andere, von tieferem Werth und reicherem Charakter.

Ich lernte schon früh meinen vorangeschrittenen
Geist im Dienste meiner Leidensgenossen zu verwenden.
Der Zustand der männlichen Sklaven ist nämlich schon
beklagenswerth, derjenige der weiblichen muß   aber

geradezu jedes Herz, das nicht allem Gefühl abgestorben ist, zum größten Mitleiden bewegen. Wie sie sind, gesund oder krank, werden sie zur Arbeit angetrieben, unbemitleidet und ohne daß ihnen irgend eine freundliche Hülfe zu Theil würde. Das Elend, das ich bei vielen Frauen ansehen mußte, wälzte eine Last von Sorgen auf mein junges Herz. Ein weißer Herr, der irgend eine Schöne seiner Rasse aus der schrecklichsten Unterdrückung befreit, kann wohl sein Herz nicht stolzer und edler wallen fühlen, als es mir geschah, wenn ich ein Huhn an irgend ein abgelegenes Oertchen trieb, dann in der Dunkelheit dasselbe holte und es einer kranken, schwarzen Schönen brachte, für die es zugleich Nahrung, Luxus und Arznei war; auch konnte sich Niemand mehr von der Gerechtigkeit seiner Handlung überzeugt fühlen, als ich, wenn ich ein Schaf oder ein Schwein ein bis zwei Meilen in die Wälder trieb, es dort schlachtete und dann denen zu Gute kommen ließ, die Riley dem Hunger Preis gab. Ich fühlte, daß ich eine gute, edle und heldenmüthige That verrichtet hatte.

That ich Unrecht? Meine einzige Antwort ist, daß selbst nach so vielen Jahren mir mein Gewissen darüber keine Vorwürfe macht, sondern ich jene Handlungen im Gegentheil noch zu den besten meines Lebens rechne. Ich wurde dadurch erzogen im Gutes thun, lernte den Genuß eines theilnehmenden Herzens kennen und die Gerechtigkeit der Verachtung gegen alle grausamen Un-

terdrücker. Hie und da wurde meine Seele sich der
edelmüthigen Handlungen bewußt, zu denen die Ver=
hältnisse und Umstände meines Lebens mir Gelegenheit
gaben. Ich lese sehr gern jene mittelalterlichen Erzäh=
lungen, in denen eine zarte Gesinnung zu Tage tritt
in der prächtigen Umgebung von Schlössern, Rittern
und Waffen, aber da wir einer andern Zeit angehören,
so liebe ich es auch, wenn diese sich in einer einfacheren
Weise offenbart, indem ein Sambo als Paladin, eine
Dinah als unterdrücktes Mädchen, und ein Niley als
grimmiger Unterdrücker auftritt.

Durch den Einfluß, den ich auf diese Weise erlangte,
durch die bedeutende Arbeit, die ich auf der Farm ver=
richtete, und dadurch, daß ich den Aufseher in seiner
Schlechtigkeit entdeckte, wie er für selbstsüchtige Zwecke
seinen Herrn beraubte, wurde ich zum Aufseher auf der
Farm ernannt, und brachte es dahin, daß die Ernte sich
verdoppelte bei williger und fröhlicher Arbeit, als
man sie je auf der Farm gesehen hatte. Ich war also
jetzt Aufseher. Mein Stolz und mein Ehrgeiz hatten
mich zum Meister in jeder Art der Landarbeit gemacht;
aber wie es dem Ehrgeiz gewöhnlich geht, daß seine
Belohnung in einer Vermehrung der Bürden besteht, so
ging es auch mir. Weizen, Hafer, Gerste, Kartoffeln,
Korn, Tabak, alles stand unter meiner Aufsicht und ich
war oft gezwungen, um Mitternacht mit dem Wagen
nach dem Markte aufzubrechen und bis zum Morgen
durch Schmutz und Regen zu fahren, um die Produkte

zu verkaufen; kam ich dann nach Hause, hungrig und müde, so erwarteten mich neun Mal aus zehn Flüche und Verwünschungen darüber, daß ich keine höheren Preise erzielt hatte. Mein Herr war ein schrecklicher Flucher, und trotzdem er klar erkannte, von welch gro= ßem Nutzen ich ihm war, so hatte er doch eine zu gemeine Natur, mich auch nur durch ein freundliches Wort oder anständiges Betragen zu belohnen. Ehe ich jedoch die Stellung eines Aufsehers erlangte, ereignete sich ein Umstand, der einen nachhaltigen und mächtigen Einfluß auf meine ganze geistige Entwicklung ausübte, und der wohl werth ist, in einem besonderen Kapitel eingehend besprochen zu werden.

Viertes Kapitel.

Meine Bekehrung.

Wie gut erinnere ich mich noch der Stunde, in der ich von meiner zärtlichen Mutter getrennt wurde. Noch sehe ich ihre Thränen und höre ihre Seufzer — alle Einzelnheiten sind bis heute meinem Gedächtnisse eingeprägt. Von der frühesten Jugend an kann ich mich meiner Mutter erinnern und weiß, was ihre Gebete für mich waren. Ich habe sie oft für mich beten hören, denn schon vor meiner Geburt war sie ein gutes, christliches Weib und ich danke Gott, daß ich von einer christlichen Mutter geboren bin, von einer Mutter, deren Gebete als erste Worte in mein Ohr drangen. Von allen irdischen Segnungen kommt wohl keine der einer guten, christlichen Mutter gleich, und gesegnet ist das Kind, das die Gebete einer Mutter für sich hat. Nie werde ich vergessen, welchen Eindruck dieselben auf mich machten, obwohl ich noch ein Knabe war.

Mein Herz fließt aber auch über von Dankbarkeit, wenn ich den Namen eines Mannes nenne, der mich zuerst bekannt machte mit den Segnungen der christ=

lichen Religion. Sein Name war John McKennh,
ein Bäcker von Profession, der nur wenige Meilen von
Reileh's Plantage entfernt wohnte. Ueberall war er
bekannt als ein aufrichtiger, wohlwollender Christ, und
besonders erwarb ihm sein Widerwillen gegen die Skla=
verei einen Ruf. Er hielt selbst keine Sklaven und
wollte sich auch nicht dazu verstehen, solche zu miethen,
da der Miethpreis ja doch nur dem Besitzer des Skla=
ven in die Tasche floß; er beschränkte sich daher auf die
Arbeit seiner eigenen Hände und auf solche, die ihm
freiwillig geleistet wurde. Zu Zeiten trat er auch als
ein Verkündiger des Evangeliums auf und predigte in
der Nachbarschaft, wo Prediger damals sehr selten
waren. Eines Sonntags sollte er an einem Platze
reden, der etwa eine Stunde entfernt lag, und meine
Mutter drängte mich, meinen Herrn zu bitten, daß er
mich zur Predigt gehen ließe. Ich war aber solcher
Bitten wegen schon so oft geschlagen worden, daß ich
mich zu gehen weigerte. Meine Mutter aber sagte:
„Bitte, mein Sohn, gehe doch und frage Massa, ob er
dich zu Herrn McKennh's Predigt gehen lassen wollte,"
worauf ich ihr antwortete: „Nein, ich wünsche nicht zu
gehen, ich fürchte, daß er mich schlagen wird." Sie
bat wieder: „Geh und frage ihn." Ich aber drehte
mich um und, wie so viele Knaben es gemacht haben
würden, weigerte mich entschieden. Meine Mutter stand
an einen Pfosten gelehnt und ich sah, wie sie ihren Kopf
auf ihre Hände neigte und weinte. Da stand ich und

sah sie an, bis mein Herz so gerührt wurde, daß ich ihr sagte, ich wollte gehen, und ging hinauf zum Wohn= hause. Noch ehe ich zur Thür kam, bemerkte Riley meinen Schatten; er drehte sich um und fragte mich, was ich wolle. Ich sagte zu ihm: „Ich wollte Sie nur fragen, ob ich zur Versammlung gehen dürfe?" „Wo?" „In Newport Mill." „Wer wird predigen?" „Herr McKenny." „Was für einen Zweck hast du dabei, ihn predigen zu hören?" Hier gerieth ich in Verlegenheit, denn ich wußte eigentlich selbst nicht, weß= halb ich ihn hören wollte. „Welchen Nutzen kannst du davon haben?" Das war wieder ein schwieriger Punkt. „Wer hat es dir in den Kopf gesetzt?" Das war die dritte schwierige Frage, da ich meine liebe Mut= ter nicht gerne in Verlegenheit bringen wollte. Da sie aber selbst mich immer ermahnt hatte, in allen Fällen die Wahrheit zu sagen, so antwortete ich: „Meine Mut= ter." „Ah," sagte er, „ich dachte wohl, daß es deine Mutter sei; ich glaube, daß sie dich gerne verderben will. Wann willst du zurückkommen?" „Sobald die Versammlung vorüber ist." Er gab seine Er= laubniß.

So ging ich denn zu dem Gottesdienste und hörte auf den Prediger, ohne ihn sehen zu können, da man keinem Neger erlaubte, in das Versammlungslokal hin= ein zu gehen. Ich ging rund um das Haus herum und gelangte so endlich gerade vor die Thür des Lokals. Hier sah ich den Mann mit empor gehobenen Händen

und zum Himmel gerichteten Blicken, als er mit Nach=
druck die Worte sprach: „Jesus Christus, der Sohn
Gottes, schmeckte den Tod für Jedermann, für die
Hohen, wie für die Niederen, für die Reichen, wie für
die Armen, für die Gebundenen, wie für die Freien, für
den Neger in seinen Ketten, wie für den Mann in Gold
und Diamanten.‘‘ Sein Herz war erfüllt mit der
Liebe zu Jesu, und durch die Kraft des heiligen Geistes
predigte er eine allgemeine Erlösung durch Jesum
Christum. Ich stand da und lauschte. Mein Herz war
tief gerührt und sprach zu mir selbst: „Ich möchte wis=
sen, ob Jesus auch für mich gestorben ist!‘‘ Ich konnte
auch nicht begreifen, was ihn veranlaßt haben könnte,
für mich zu sterben.‘‘ Ich hatte niemals eine Predigt
gehört, überhaupt mich nie über religiöse Gegenstände
unterhalten, außer dem, was meine Mutter mir gesagt
hatte über die Verantwortlichkeit, die wir alle gegen
ein höheres Wesen haben. Der Text, den ich an diesem
Tage hörte (Hebr. 2, 9), war der erste, den ich über=
haupt aus der Bibel vernahm. Ich habe ihn nie ver=
gessen und es ist seitdem fast kein Tag vergangen, wo
ich mir nicht denselben und die Predigt darüber in’s
Gedächtniß zurückgerufen hätte.

Der göttliche Charakter Jesu Christi, seine zärtliche
Liebe zu den Menschen, sein Mitleiden mit den Verach=
teten und Verworfenen, seine grausame Kreuzigung und
seine glorreiche Auferstehung — das Alles wurde vor
meinen geistigen Augen entfaltet; bei einigen Punkten

verweilte der Prediger mit großer Kraft. Wieder und
wieder hörte ich die Worte: „für Alle." Die frohe
Nachricht war also nicht für einige wenige Auserwählte
bestimmt; sie war sowohl für den Sklaven, wie für
den Herrn, für den Armen, wie für den Reichen, sie
galt den Verfolgten, Elenden, den Schwerbeladenen
und den Gefangenen, ja selbst mir, einem armen, ver=
achteten, mißhandelten Geschöpf, das bis jetzt von An=
deren nur einer unbelohnten Arbeit, körperlicher und
geistiger Erniedrigung würdig erachtet worden war.
O, diese himmlische, süße Empfindung, mich geliebt zu
wissen! Ich würde in diesem Augenblick mit Freuden
mein Leben dahin gegeben haben, und ich wiederholte
fortwährend die Worte: „Der mitleidsvolle Heiland
der Welt l i e b t m i c h; in Liebe blickt Er vom Himmel
auf mich hernieder; Er starb, um meine Seele zu erret=
ten und Er wird mich einst im Himmel willkommen
heißen." Es war mir, als sähe ich ein göttliches Wesen
in einer leuchtenden Wolke, und in scharfem Contrast zu
Allem, was ich bisher von der Verachtung und Bru=
talität meiner irdischen Meisters erfahren hatte, lächelte
mich dieses Wesen an. Es war mir, als sähe ich es.
Ich dachte: „Jesus wird fortan meine Zuflucht sein;
Er wird alle Thränen von meinen Augen abwischen.
Jetzt kann ich Alles ertragen; nichts wird mir mehr zu
schwer erscheinen." Ich war fest überzeugt, daß, wenn
nur Riley den Heiland kennen würde, er kein so gemei=
nes und gottloses Leben führen könnte. Mein ganzes

Wesen ging auf in jener herrlichen, göttlichen Liebe und
ich konnte beten für meine Feinde und auch die lieben,
die mich bisher so verachtungsvoll behandelt hatten.

Auf dem Heimwege wiederholte ich mir das Gehörte
noch einmal und ich wurde zuletzt so aufgeregt, daß ich
vom Wege ab in ein Gehölz einbog und Gott um Hülfe
und Erleuchtung anflehte, und mein späterer Lebenslauf
hat mich auch zur Genüge davon überzeugt, daß mein
Flehen Dem angenehm war, der Gebete erhört. Von
diesem Tage an rechne ich meine Bekehrung und mein
Erwachen zu einem neuen Leben, — zum Bewußtsein
einer Kraft und Würde, die alles übertraf, was ich
bisher erfahren hatte. Von jetzt an benützte ich jede
Gelegenheit, mich in religiösen Dingen unterrichten
zu lassen, und so groß war meine Ueberzeugung von
der Wichtigkeit der christlichen Religion, so klar die
Erkenntniß meines und meiner Mitmenschen verlorenem
Zustand, und so zweifellos, daß ich es nicht unterlassen
konnte, auch mit meinen Gefährten über diesen Gegen=
stand zu reden, und es währte nicht lange, so begann
ich mit ihnen zu beten, sie zu ermahnen und ließ ihnen
die wenigen Lichtfunken zukommen, die bis dahin mein
eigenes Auge von einer anderen Welt erreicht hatten.
In wenigen Jahren wurde ich ein ganz geachteter Pre=
diger und ich glaube, daß ich durch die Gnade Gottes
auch Vielen nützlich geworden bin. Ich muß jedoch
für's erste zu dem Verlauf meines Lebens zurückkehren.

Fünftes Kapitel.

Verstümmelt für's Leben.

Wie verschieden ist doch die Weise, in der uns der Herr gebot, daß wir uns unter einander als Kinder desselben Vaters lieben sollen, von der Art, in der die Menschen von verschiedenen Farben sich wirklich unter einander behandeln. Ein Umstand, welcher sich, als ich achtzehn oder neunzehn Jahre alt war, ereignete, liefert dazu ein schlagendes Beispiel.

Die Gewohnheiten meines Herrn waren ganz dieselben, wie sie unter den liederlichen Pflanzern der Nachbarschaft gang und gebe waren, und eines ihrer liebsten Vergnügungen bestand darin, am Samstag oder Sonntag, als an ihren Feiertagen zusammen zu kommen, mit einander zu würfeln, Pferderennen und Hahnenkämpfe zu veranstalten, über Politik zu raisonniren und dabei den ganzen Tag Branntwein und Whiskey zu trinken. Daß sie am Abend nicht im Stande sein würden, den Weg nach Hause zu finden, wußten sie selbst und bestellten sich daher gewöhnlich auf den Abend ihren Leibdiener, damit derselbe sie heimgeleite.

Mein Herr hatte mich zu diesem Vertrauensamte aus-
erlesen und oft, oft habe ich ihn, wenn er sich selbst
nicht im Sattel zu halten vermochte, auf dem Pferde
festgehalten und bin selbst in der Dunkelheit durch den
tiefsten Schmutz nebenher gewatet. Zank und Streit
war gewöhnlich das Ende solcher Festlichkeiten, und
wenn es so schlimm wurde, daß man mit Gläsern um
sich warf, Dolche zog und Pistolen feuerte, dann war
es die Pflicht der Sklaven, sich hinein zu drängen und
ihre Herren aus dem Kampfe heraus und nach Hause
zu bringen. Ich muß aufrichtig gestehen, daß mir das
gefiel, denn ich war jung, gewandt, von großer Kör-
perkraft und selbstvertrauend. Mit leichter Mühe
bahnte ich mir mit Ellbogenstößen meinen Weg durch
die Weißen, ergriff meinen Herrn und setzte ihn auf
sein Pferd, oder schob ihn in sein Gefährt mit derselben
Leichtigkeit, mit der ich einen Sack Getreide handhabte.
Ich war mir dabei bewußt, daß ich für ihn that, was
er selbst nicht hätte thun können, und zeigte zugleich dadurch mein Uebergewicht über andere und erzwang mir
auch bis zu einem gewissen Grade ihre Achtung.

Bei einer derartigen Gelegenheit gerieth Riley in
Streit mit dem Aufseher seines Bruders, Bryce Litton.
Alle waren auf Litton's Seite und es entstand ein
schrecklicher Aufruhr. Ich saß gerade auf der Haus-
treppe des Wirthshauses, aber als ich den Lärm vernahm, drängte ich mich in's Zimmer, um zu sehen,
was es etwa für mich zu thun gäbe. Mein Herr war

ein kräftiger Mann und gefürchteter Schläger, der in ge=
wöhnlichem Kampfe mit leichter Mühe seinen Platz be=
hauptete, jetzt aber war er eingeengt und wenigstens ein
Dutzend hieben auf ihn ein mit Fäusten, Stöcken, Glä=
sern, Stühlen und Allem, das in ihrem Bereich lag.
Sobald Riley mich erblickte, rief er aus: „Das ist
recht, Si, komm' schnell und bahne mir meinen Weg!"
Es war eine rauhe Arbeit und ich ging auch rauh
darauf los, schob, stampfte und wagte mein Möglichstes
für seine Befreiung.   Mit unendlicher Mühe und nach=
dem ich manche Beulen auf Kopf und Nacken erhalten,
gelang es mir, ihn aus dem Zimmer zu bringen.   Aber
er war rasend vor Trunkenheit und Zorn, und wollte
sich von mir losmachen, um noch einmal in's Zimmer
zu gelangen und den Kampf zu erneuern.   Mit vieler
Mühe brachte ich ihn doch endlich in seinen Wagen,
sprang selbst hinauf und fuhr davon.

Durch Mißgeschick erlitt Bryce Litton in der Höhe
des Kampfes eine schwere Verletzung.   Ob es der
Whiskey verschuldet hatte, den er getrunken oder ein
Tritt von mir, vermag ich nicht mehr zu sagen.   Er
aber schrieb sie mir zu und schwor mir bei der ersten
Gelegenheit feurige Rache.   Diese Gelegenheit sollte
nur zu bald kommen.

Einige Tage darauf schickte mich mein Herr zu Pferde
mit Briefen nach einem nahe liegenden Orte.   Um den
Weg abzuschneiden wählte ich einen Fußpfad, der an
beiden Seiten eingezäunt und durch Thore von der

Landstraße getrennt war. Zum Theile führte derselbe
durch die Farm von Riley's Bruder und als ich durch=
ritt, bemerkte ich den Aufseher mit einigen Negern auf
einem benachbarten Felde. Nach einer halben Stunde
kehrte ich zurück, und sah jetzt Litton allein auf dem
Zaune sitzen, von den Negern aber war nichts zu be=
merken. Ohne Arg ritt ich vorwärts, als plötzlich Lit=
ton herabsprang und mir den Weg versperrte. In
demselben Augenblick sprangen auch zwei Neger aus
den Büschen hervor, hinter denen sie sich verborgen
gehalten, und ein anderer kam hinter mir aus einem
Versteck heraus, so daß mir kein Zweifel mehr bleiben
konnte, daß ich von Feinden umringt sei und mich nach
besten Kräften zu vertheidigen haben werde. Litton
ergriff die Zügel meines Pferdes und gebot mir abzu=
steigen. „Warum soll ich absteigen, Herr Litton?"
„Um die schrecklichsten Schläge in deinem Leben zu
erhalten, du schwarzer Hallunke!" Er fügte noch einige
Flüche hinzu, die ich nicht wiederholen will. „Aber
weßhalb soll ich denn geschlagen werden?" „Kein Wort
mehr," antwortete er, „sondern springe sofort herunter
und ziehe deine Jacke aus." Ich sah wohl ein, daß
mir keine Wahl blieb und sprang an der ihm entgegen=
gesetzten Seite vom Pferde. „Jetzt zieh dein Hemd
aus!" brüllte er und als ich noch zögerte, erhob er
seinen schweren Stock mit einer solchen Heftigkeit, daß
das Pferd sich vor Schrecken losriß und nach Hause
rannte. Ich war jetzt allein, ohne Aussicht fliehen zu

können. Als ich versuchte, dem schweren Schlage Litton's auszuweichen, gerieth ich zufällig in eine Ecke des Zaunes, von wo aus ich nur von vorne angegriffen werden konnte. Der Aufseher befahl jetzt den Sklaven, mich zu ergreifen, aber diese, die meine körperliche Kraft kannten, gehorchten sehr langsam. Endlich thaten sie doch ihr Bestes, aber ich schlug sie erfolgreich zu Boden und einem, der versuchte auf meine Füße zu treten, gab ich einen so heftigen Stoß mit meinem schweren Schuh, daß ihm einige Zähne brachen und er heulend davon lief.

Mittlerweile schlug Litton fortwährend mit seinem Stock auf meinen Kopf los, so daß das Blut herab rann. Dabei rief er unaufhörlich: „Willst du dich noch nicht ergeben? Willst du dich noch nicht ergeben?" Die schrecklichsten Flüche ausstoßend und außer sich über meine Vertheidigung, ergriff er endlich einen schweren Querbalken und drang damit wüthend auf mich ein. Der schwere Schlag fiel. Ich erhob meinen Arm, um ihn abzuwehren, aber der Knochen brach wie ein Pfeifenstiel und ich fiel der Länge nach zu Boden. Jetzt folgte Schlag auf Schlag auf meinen Rücken, bis beide Schulterknochen gebrochen waren und das Blut mir in Strömen aus dem Munde floß. Vergebens versuchten die Neger, dem Wütherich zu wehren. „Habt ihr nicht gesehen, wie mich der Schwarze geschlagen hat?" rief er ihnen zu, und sie hatten gehorsamerweise „Ja" zu antworten. Endlich schien seine Rache befriedigt zu sein;

er hörte auf und rief mir noch zu: „Denke jetzt daran, was es heißt, einen weißen Mann zu schlagen!" Der feige Lügner! Er hatte seinen Standpunkt sicher genug gewählt und den Stock einzig und allein geführt! Das reiterlose Pferd war unterdessen auf Riley's Farm angelangt und hatte dort einen allgemeinen Aufruhr erregt. Mein Herr begab sich sogleich mit einigen Negern auf den Weg, um zu sehen, was es gäbe, und als er mich erblickte, war er außer sich vor Zorn. „Du hast dich geschlagen, du gemeiner Neger!" schalt er mich. Als ich ihm aber sagte, daß Litton mich so zugerichtet, weil ich ihn an jenem Abend im Wirthshaus gestoßen, wurde er noch wüthender und ritt sogleich, nachdem er mich hatte heimtragen sehen, nach dem benachbarten Gerichte, um die Sache anzuzeigen. Es kam dabei aber wenig Gutes heraus. Litton beschwor, daß ich ihn, als er mich auf dem Wege angeredet, angegriffen hätte und ihn getödtet haben würde, wenn nicht die Neger ihm zu Hülfe gekommen wären. Natürlich wurde er freigesprochen, da man das Zeugniß eines Negers nicht achtete. Riley hatte alle Gerichtskosten zu bezahlen und dafür nur die eine Genugthuung, Litton einen Schurken und Lügner zu heißen und ihm einige fürchterliche Beulen zu verursachen; doch auch diese theilweise Befriedigung verlor an Werth, da sie ihm eine Reihe von Verlusten und eine schwere Geldstrafe zuzog.

Meine Leiden waren in Folge dieser grausamen Be-

handlung entsetzlich. Außer meinem gebrochenen Arm
und den schweren Kopfwunden fühlte ich auch noch,
wie die Stücke meiner gebrochenen Schulterblätter fort=
während aneinander knirschten. Kein Arzt wurde ge=
holt, um nach mir zu sehen; überhaupt erinnere ich
mich nicht, einen solchen je auf der Farm gesehen zu
haben. „Ein Neger wird von selbst besser," das war
ein herrschendes Prinzip und die Thatsachen schienen
dasselbe auch zu rechtfertigen. Die robuste, physische
Gesundheit, die Folge fortwährender Arbeit im Freien,
half unsere Brüche und Schäden heilen, ohne die ge=
ringste Entzündung, gerade wie beim Vieh. Meines
Herrn Schwester, Miß Patty, übernahm meine Pflege.
Sie war eine kräftige, starkknochige Person, der wahre
Aesculap der Plantage, vom Zähneausreißen an bis
zur Zurechtsetzung gebrochener Knochen. Ich erinnere
mich noch, wie sie einst eine Flinte holte und einen
wüthenden Ochsen erschoß, den die Neger vergebens zu
schlachten bemüht waren. Sie verband meine Wunden,
zog die Splitter aus meinem Arm und setzte meine
Schulterblätter zurecht, so gut sie es vermochte; aber
ach, es war doch nur Stümperwerk.

Fünf Monate dauerte es, bis ich die geringste Arbeit
zu thun vermochte, und als ich das erste Mal wieder
den Pflug lenkte und das Pflugmesser zufällig an einen
Stein stieß, wurden meine Schulterknochen dergestalt
erschüttert, daß ich größere Schmerzen auszuhalten
hatte, als je zuvor. So bin ich denn seitdem gelähmt

und verstümmelt durch's Leben gegangen. Uebung brachte mich freilich wieder dahin, die Landarbeiten einigermaßen gut zu verrichten, aber das freie, kräftige Spiel meiner Armmuskeln war für immer dahin. Die Stelle als Aufseher erlangte ich allerdings wieder und mit ihr die besondere Gunst meines Herrn. Er war nur zu froh, daß er die größere Ausgabe für einen weißen Aufseher ersparen konnte und dabei die Ernte doch besser ausfiel, als je zuvor. Ich will nicht leugnen, daß ich von seinem Eigenthum einen freieren Gebrauch machte, als er selbst gethan haben würde, indem ich seine Leute mit besserer Nahrung versah; aber was ich so im Kleinen veruntreute, kam im Großen wieder herein — ich nahm nur einen Theil des Eigenthums, um einen anderen, wichtigeren vom Verderben zu erretten. Im Uebrigen händigte ich ihm treulich jeden Dollar ein, den ich aus dem Verkauf des Getreides erzielte, und allmählig wurde mir Alles, Korn, Weizen, Früchte und Butter zur Verfügung gestellt, weil keiner einen besseren Preis dafür zu erzielen vermochte als ich. Mein Herr selbst war ganz unfähig zu diesem Geschäft. Jahre lang war ich seine rechte Hand und versah ihn mit allen Mitteln zu allen seinen Zwecken, ob sie gut oder böse waren. Er gab mir keine Ursache, ihn seines moralischen Charakters wegen hochzuachten; aber es war meine Pflicht, ihm in der Stellung, in die er mich gesetzt, treulich zu dienen, und ich kann vor Gott und Menschen ohne Scheu erklären, daß ich das nach Kräften

gethan habe. Ich vergab ihm die Schläge und Miß=
handlungen, die in ohne Ursache ich meinen Knaben=
und Jugendjahren von ihm zu erbulden hatte, und war
stolz auf die Gunst, die er mir nun erzeigte, und auf
den Charakter und den Ruf, den ich mir durch meine
unausgesetzten Anstrengungen erwarb.

Sechstes Kapitel.

Eine verantwortungsvolle Reise.

Als ich etwa zwei und zwanzig Jahre alt war, hei=
rathete ich ein sehr thätiges und für eine Skla=
vin auch sehr gut unterrichtetes Mädchen, das
einer benachbarten Familie angehörte, die ihrer Fröm=
migkeit und Herzensgüte wegen allgemein beliebt war.
Ich sah das Mädchen zum ersten Male in einer religiö=
sen Versammlung. Als Gefährtin meines Lebens hat
sie mir zwölf Kinder geboren, von denen noch sie=
ben am Leben sind, die mir eine Freude und ein
Trost in den letzten Tagen meines Lebens zu sein ver=
sprechen.

Für eine beträchtliche Weile blieb meine Beschäfti=
gung auf der Farm dieselbe und ich hatte nach wie vor
alle Produkte auf den benachbarten Märkten in
Washington und Georgetown zu verkaufen. Manche
ehrbare Männer, die noch dort leben, erinnern sich viel=
leicht noch des „Siah" oder „Si" (wie sie mich zu
nennen pflegten) als ihres Verkäufers; aber wenn sie
mich auch vergessen haben, ich gedenke ihrer immer noch

mit dem befriedigenden Gefühl, meine Pflichten erfüllt
zu haben.

Mein Herr war schon 45 Jahre alt, als er sich ein
junges Weib von 18 Jahren heimführte, das zwar kein
Vermögen besaß, aber desto besser zu sparen verstand.
Sie war sogar ihrer Sparsamkeit wegen berüchtigt, und
man kann sich leicht denken, daß sie der ganzen Einrich=
tung keinen neuen Comfort hinzufügte. Ein jüngerer
Bruder von ihr, der unter Riley's Vormundschaft
stand, kam oft zu mir und beklagte sich mit Thränen in
den Augen über die geringe Nahrung, die er von seiner
Schwester erhielt, und dadurch, daß ich mich seiner an=
nahm und oft meine Nahrung mit ihm theilte, habe ich
ihn mir zu einem Freunde für's Leben gemacht. Wenn
ich nicht irre, ist er jetzt einer der reichsten Männer in
Washington.

Nach einiger Zeit jedoch konnte auch die größte Spar=
samkeit fortwährenden Unfällen nicht mehr die Spitze
bieten. Riley gerieth in Schwierigkeiten und zuletzt in
einen Prozeß mit seinem Schwager, der ihn beschuldigte,
ihm anvertrautes Eigenthum veruntreut zu haben; der
Prozeß aber zog sich so in die Länge, daß dadurch allein
schon Riley's Ruin herbeigeführt wurde. Hart und
tyrannisch wie mein Herr auch gegen mich gewesen war,
so fühlte ich doch herzliches Mitleiden mit ihm in seinem
gegenwärtigen elenden Zustande. Manchmal war er
auf's Tiefste daniedergeschlagen, zu anderen Zeiten
wieder außer sich vor Wuth und Trunkenheit. Jeden

Tag ritt er hinüber zum Gerichte, um zu erfahren, wie seine Sachen standen, und mit jedem Tage wuchs seine Verzweiflung. Bei seiner Rückkehr pflegte er fast immer zu mir zu kommen und mir mitzutheilen, wie es mit ihm stehe; aber die meiste Zeit verbrachte er damit, sein Unglück zu bejammern und seinen Schwager zu verfluchen. Er traute meiner Treue und Urtheilskraft, und ich, theils aus Stolz, theils aber auch aus wahrer Liebe, die Gott in mein Herz ausgegossen, ging mit Interesse auf alle seine Schwierigkeiten ein.

Der arme, fast immer betrunkene, wüthende und jammernde Mensch war im höchsten Grade unfähig seine eigenen Angelegenheiten zu ordnen. Eines Nachts kam er wieder in meine Wohnung, nachdem ich schon lange geschlafen haben mußte. Es kam mir befremdend vor, obwohl er kein Wort sagte, sondern sich nur stille am Feuer wärmte. Endlich begann er zu stöhnen und seine Hände zu ringen. „Krank, Massa?" fragte ich. Er gab keine Antwort, sondern fuhr nur fort in seinem Gejammer. Ich sprach zärtlich mit ihm, da mein Herz wirklich gerührt war durch sein elendes Aussehen. Endlich schien er sich zu fassen und rief aus: „O, Si, ich bin verloren — ruinirt!" „Wie geht denn das zu, Massa?" „Das Gericht hat gegen mich entschieden und in weniger als zwei Wochen wird jeder Neger,' den ich besitze, verkauft werden." Ein Sturm von Flüchen und Verwünschungen gegen seinen Schwager folgte diesen Auseinandersetzungen. Ich saß wäh-

rend dieser Zeit schweigend da, unfähig ein Wort zu
erwidern. Mitleid mit ihm, Schrecken über das, was
mir und meiner Familie bevorstand, erfüllten mein
Herz. „Und nun, Si," fuhr endlich der Unglückliche
fort, „gibt es nur e i n e n Weg zu meiner Rettung, und
du allein kannst es ausführen, sage mir, ob du es thun
willst." Er erhob sich bei diesen Worten und schlang
beide Arme um mich — das Unglück hatte alle Unter=
schiede zwischen uns verwischt. „Wenn ich es thun
kann, Massa, will ich es natürlich, aber worin soll denn
die Rettung bestehen?" Er beantwortete meine Frage
nicht, sondern fuhr nur fort auf mich einzudringen, ob
ich es∙ ihm nicht versprechen wolle. „Ich habe dich
aufgezogen, Si," fuhr er fort, „habe dich zum Auf=
seher gemacht, und wenn ich dich auch manchmal miß=
handelt habe, so weißt du doch, daß es so schlimm nicht
gemeint war. Versprich mir jetzt, daß du es unter=
nehmen willst." Er schien entschlossen zu sein, mein
Versprechen zu haben, bevor er mir die Sache mittheilte,
da er nur zu gut aus Erfahrung wußte, wie ich das
mit aller Energie ausführen würde, worauf ich einmal
mein Wort gegeben. Auf diese Weise mit Klagen und
Thränen bedrängt von einem Manne, dem ich über
dreißig Jahre treu gedient — vielleicht auch aus Furcht
über das uns erwartende Schicksal — willigte ich end=
lich ein und versprach ihm, treulich Alles zu thun, um
das ihm drohende Unheil abzuwenden. Endlich rückte
er dann mit dem Vorschlag heraus. „Du mußt davon=

laufen, Sie, davonlaufen zu meinem Bruder Amos in Kentucky, und alle Neger mit dir nehmen." Hätte er mir gesagt, ich müßte direkt nach dem Monde reisen, so hätte ich nicht erschrockener sein können. „Kentucky, Massa, Kentucky? Ich kenne ja nicht den Weg dort= hin." „O, der ist leicht zu finden für einen so geschick= ten Menschen wie du. Ich gebe dir einen Paß und werde dir genau sagen, was du zu thun hast." Als er aber bemerkte, daß ich noch zögerte, suchte er mich auf's Neue in Furcht zu setzen durch die Vorspiegelung, ver= kauft und nach Georgia gesandt zu werden.

Mehrere Stunden lang drängte er auf mich ein, bald an meinen Stolz appellirend, bald an mein Mit= gefühl und meine Furcht. Ich sagte ihm endlich, daß ich mein Bestes thun wolle. Außer mir, meiner Frau und meinen zwei Kindern, waren noch achtzehn Neger da, die ich also 1000 Meilen weit führen sollte, durch ein Land, das ich nicht kannte, und dazu noch in der Mitte des Winters, im Monat Februar. Mein Herr versprach in zwei Monaten nachzukommen und sich selber in Kentucky niederzulassen.

Nachdem mein Entschluß einmal gefaßt war, ging ich auch mit Ernst an die Vorbereitungen, die nicht viel Zeit in Anspruch nahmen. Ein einspänniger Wagen, vollgepackt mit Hafer, Mehl und Speck für unseren und des Pferdes Bedarf stand bald fertig. Mein Stolz war jetzt erregt durch die Wichtigkeit und Verantwort= lichkeit des Unternehmens, und ich ging mit ganzer

Seele auf den Plan meines Herrn ein. Die zweite
Nacht, nachdem der Plan gefaßt war, befanden wir uns
schon auf dem Wege. Sehr günstig für den Erfolg des
Unternehmens war es, daß die Leute seit langer Zeit
unter meiner Aufsicht gestanden hatten und mir dazu
noch dankbar ergeben waren, da ich ihnen stets mein
tiefstes Interesse gezeigt und ihnen so manche Erleich=
terung und Bequemlichkeit in ihrer elenden Lage ver=
schafft hatte. Mangel an Gehorsam brauchte ich also
nicht zu befürchten. Die Furcht, von einander getrennt
und nach dem fernen Süden verkauft zu werden, wenn
sie auf dem alten Gute verbleiben würden, verband sie
wie ein Mann und erhielt sie geduldig und fröhlich.
Um 11 Uhr Nachts hatten wir die Farm verlassen und
vor dem nächsten Nachmittage machten wir keinen
besonderen Halt. Die Männer gingen zu Fuß, die
Kinder saßen auf dem Wagen und nur meine Frau ritt
bisweilen ein wenig auf dem Pferde. Auf diese Weise
durchreisten wir Alexandria, Culpepper, Fauquier, Har=
per's Ferry, Cumberland und passirten die große Ge=
birgsstraße nach Wheeling. In den Wirthshäusern,
an denen wir vorbei kamen, gab es überall besondere
Schuppen für Negerzüge, die unter Leitung von Auf=
sehern oft das Land durchzogen. Auch wir hatten in
solchen zu übernachten und die Bezahlung dafür bildete
unsere einzige Ausgabe, da wir alle Lebensmittel bei
uns führten. Wenn mir Fragen gestellt wurden, so
zeigte ich meines Herrn Paß, der mich bevollmächtigte,

seine Sklaven nach Kentucky zu führen. „Ein netter Neger," war der Ausdruck, den ich dann oft hörte und der mich wirklich stolz machte.

Wir trafen häufig in unsern Nachtquartieren andere Negertreiber an, deren Opfer gewöhnlich mit Ketten zusammengehalten wurden, um das Davonlaufen zu verhindern. Die erste Frage der Treiber an mich war dann gewöhnlich: „Wem gehören diese Neger?" und nach Beantwortung derselben die zweite: „Wohin gehen sie?" „Nach Kentucky." „Wer führt sie?" „Nun, ich habe die Aufsicht über sie." „Ein prächtiger Neger," hieß es dann gewöhnlich wieder, „dich wird dein Herr nicht verkaufen. Komm herein mit uns." So verbrachte ich denn wirklich manchen Abend mit den Aufsehern in der Wirthsstube, und während ihre Neger angekettet im Schuppen lagen, erfreuten sich die Meinigen draußen ihrer Freiheit.

In Wheeling angelangt verkaufte ich gemäß der Anweisung meines Herrn Pferd und Wagen und erhandelte zum Ersatz dafür ein Boot. Unsere Reise war natürlich jetzt weit angenehmer, zu rudern brauchten wir wenig, da der Strom uns mit sich führte, und wir hatten also hinlänglich Zeit, unsere müden Glieder durch Schlaf zu stärken.

Es erwartete meiner jedoch noch eine neue und unerwartete Sorge. Als wir nämlich das Ohioufer passirten, kamen sehr oft Neger an dasselbe herangelaufen und versicherten uns, daß wir jetzt nicht

länger Sklaven, sondern freie Männer seien, sobald
wir nur wollten. Besonders in Cincinnati versam=
melten sich ganze Schaaren Schwarzer um uns und
drangen mit aller Gewalt auf uns ein, bei ihnen zu
bleiben. Sie sagten, daß wir Thoren sein würden,
uns auf's Neue der Sklaverei in die Arme zu liefern,
jetzt, da wir unsere eigenen Herren seien und uns außer
den Bereich der Verfolgung bringen könnten. Ich be=
merkte wohl, wie aufgeregt meine Leute wurden und
wie Meinungsverschiedenheit und Zeichen von Ungehor=
sam sich einstellten. Meine eigene Widerstandskraft
begann zu wanken, obwohl mir bis dahin noch nie der
Gedanke gekommen war, davonzulaufen. Die Freiheit
war von jeher das Ziel meines Ehrgeizes, mein höch=
ster Wunsch gewesen, aber ich hatte sie nicht anders
als durch Freikauf zu erlangen gehofft. Ich hatte in
diesem Punkte ein besonderes Ehrgefühl, da mir auch
von Predigern und christlichen Laien die Pflichten
eines Sklaven gegen seinen Herrn als von Gott ver=
ordnet hingestellt worden waren. Es war freilich sehr
verlockend, meinen Leuten die Freiheit zu verschaffen
und selbst mit Frau und Kindern dieselbe zu genießen,
eigenes Haus und Boden zu besitzen, nicht länger ver=
achtet und mißhandelt zu werden — doch wie es auch
sein mochte, mein Rechtsgefühl war dagegen. Dazu
machte sich auch noch der Stolz geltend. Ich hatte
meinem Herrn versprochen, sein Eigenthum nach Ken=
tucky zu führen und es in die Hände seines Bruders

Amos abzuliefern. Das war ein wichtiges Unterneh=
men. Schon auf dem ganzen Wege hatten mir die vie=
len Lobpreisungen nicht wenig geschmeichelt und ich
malte es mir oft im Geiste aus, mit welcher Bewunde=
rung Amos Riley mich betrachten werde, wenn ich
meine Aufgabe gelöst haben würde.

Unter diesen Eindrücken und immer klarer erkennend,
wie die Schilderungen der Menge festeren Fuß bei
meinen Leuten faßten, gab ich den Befehl, das Boot in
den Strom zurückzustoßen. Ein Schauer von Verwün=
schungen folgte mir vom Ufer; meine Sklaven aber
waren zu sehr an Gehorsam gewöhnt und zu unwissend
und entartet, um das köstliche Gut der Freiheit, das sie
in gewissem Sinne jetzt verloren, recht zu schätzen, als
daß sie mir irgend welchen Widerstand entgegen gesetzt
hätten.

Oft, oft seit jenem Tage ist meine Seele gefoltert
worden von den bittersten Qualen, weil ich das Werk=
zeug gewesen war, so manche meiner Leidensgenossen in
die Bande der Sklaverei zurückzuführen. Ich habe mit
Gott im Gebet um Vergebung gerungen, und besonders
nachdem ich selbst die Süßigkeit der Freiheit gekostet
und zu gut das spätere Schicksal mancher jener Sklaven
kennen lernte, ist es mir gewesen, als ob ich jene Sünde
begangen hätte, die nie vergeben werden kann. Aber
ich tröste mich mit dem Gedanken, daß ich nach meiner
besten Erkenntniß handelte, obwohl das Licht in mir
Finsterniß war. Es waren die Tage meiner Unwissen=

heit; ich kannte noch nicht die gerechten Ansprüche der
Manneswürde und wußte nicht, daß das Recht des
Sklavenbesitzers nur Räuberei und Gewaltthätigkeit ist.

Aber wie viele Vortheile habe ich selbst persönlich
verloren, indem ich jene Gelegenheit zur Erlangung der
Freiheit unbenutzt ließ! Aber das Bewußtsein von
meiner Charakterstärke, das Gefühl der Unabhängigkeit,
der rechte Begriff von Ehre — was ich durch Gehorsam
gegen das als Recht Erkannte gewann, sind auch
Schätze, die ich würdigen muß. Wer treu ist über
Weniges, wird auch treu über Viel sein. Vor Gott
versuchte ich mein Bestes zu thun und an dem Irrthum
meines Urtheils ist nichts Anderes schuld, als das
System der Sklaverei, in dem ich groß gezogen worden
war.

Siebentes Kapitel.

Eine neue Heimath.

Wir erreichten die Grafschaft Davis in Kentucky etwa in der Mitte April 1825, und ich überlieferte mich mitsammt meinen Begleitern dem Bruder unseres Eigenthümers Amos Riley, der auf seiner Farm 80 bis 100 Neger beschäftigte. Das Haus hatte eine gute Lage, etwa fünf Meilen südlich vom Ohio und fünfzehn Meilen jenseit der gelben Bank an der großen Blackford Bucht. Drei Jahre blieb ich hier und zwar auch in der Stellung eines Aufsehers, da mein Herr mir aus Maryland eine sehr gute Empfehlung mitgegeben und meine Geschicklichkeit und Ehrlichkeit gerühmt hatte. Im Ganzen gestaltete sich unser Leben hier angenehmer. Die Farm war größer und wir erhielten mehr Nahrung, was immer einen wesentlichen Punkt in der Behaglichkeit des Sklaven ausmacht. Wenn gute und genügende Nahrung wichtig ist für einen jeden Menschen, wie viel mehr noch für den Sklaven, dessen Appetit durch die unausgesetzte Arbeit im Freien fortwährend gereizt wird, dessen Geist wenig

beschäftigt ist mit höheren Dingen und der dazu fast
alle die Vergnügungen entbehren muß, die Andere ge=
nießen können. Mein Posten als Aufseher bot mir
manche Vortheile dar, und ich verfehlte nicht, von den=
selben Gebrauch zu machen, hauptsächlich in Bezug auf
jene religiösen Vorzüge, mit denen sich mein Geist so
viel beschäftigt hatte, seitdem ich zum ersten Mal von
Christo und Christenthum gehört. In Kentucky wurde
viel gepredigt, sowohl von Weißen als von Schwarzen,
und, theils indem ich diese Gottesdienste und die von
Zeit zu Zeit stattfindenden Lagerversammlungen be=
suchte, theils indem ich sorgfältig mein eigenes Herz
studirte und die Entwicklungen der Charaktere um mich
herum in verschiedenen Stellungen des Lebens beobach=
tete, wurde ich besser mit jenen religiösen Gefühlen be=
kannt, die tief in der Brust eines jeden Menschen ver=
borgen liegen, und ich lernte aus Erfahrung, wie ich
dieselben auffrischen oder bei den Trägen und Gleich=
gültigen erwecken, überhaupt wie ich irgend welche gute,
religiöse Eindrücke hervorrufen könne unter der unwis=
senden und gedankenlosen Menge, die mich umgab.

Große theologische Kenntnisse sind dazu nicht erfor=
derlich; wären sie es gewesen, so hätte ich mich nie dem
Predigtamte widmen können. Aber ich bin überzeugt,
daß ich, aus der Fülle meines Herzens redend, das tief
von seiner Sündhaftigkeit und Unvollkommenheit über=
zeugt war, durch die Gnade Gottes in Jesu Christo
Jenen zum Segen wurde, die noch weniger Zeit hatten

als ich, über die allerwichtigsten Fragen nachzudenken.
Ich konnte mich nicht enthalten, dasselbe zu versuchen,
was ich Andere auf diesem Gebiete thun sah, und ich
begann sofort an meiner eigenen Verbesserung wie an
derjenigen meiner Umgebung zu arbeiten, damit wir
alle geschickter würden für die Ewigkeit. Zu meiner
großen Befriedigung darf ich sagen, daß ich viele Beweise erhielt von dem Segen meiner Arbeit an denjenigen, denen ich sie widmete. Während der Jahre 1825
bis 1828 ließ ich keine Gelegenheit vorübergehen, mich
selber weiter zu bilden und auf einer Vierteljahrs-Ver-
sammlung der Bisch. Methodistenkirche wurde ich als
Prediger angestellt.

Im Frühling des Jahres 1828 kam eine Nachricht
von meinem Herrn, daß er sein Weib nicht bewegen
könne, ihn nach Kentucky zu begleiten und daß er deßwegen bleiben müsse, wo er sei. Er schickte daher einen
Agenten, der alle seine Sklaven, mich und meine Familie ausgenommen, verkaufen und ihm den Erlös zurückbringen solle. Und nun sollte ich noch einmal wieder Zeuge einer jener herzzerreißenden Scenen sein, die
sich so tief meinem kindlichen Gemüthe eingeprägt hatten.
Die Gefühle der Anhänglichkeit und Zuneigung, die bei
dem Afrikaner so stark sind wie bei dem Europäer, wurden grausam mißachtet und die herzloseste Selbstsucht,
welche die verhaßte Institution erzeugt, sollte sich noch
einmal in ihrer gehässigen und nackten Gestalt enthüllen.
Ich wurde freilich verschont, persönlich das Geschick

meiner Genossen zu theilen; aber ich konnte nicht ohne
den tiefsten Kummer Zeuge ihrer Angst und ihrer
Schmerzen sein. So mußte einst meine Mutter gefühlt
haben, als man sie von ihren Kindern trennte. Un=
widerstehlich stieg in meinem Herzen der tiefste Haß auf
gegen die Sklaverei und gegen die, die sie in's Leben
gerufen. Wie konnte ein Sklave auch anders fühlen?
In jedem Augenblick mußte er erwarten, ohne Grund
in das schrecklichste Elend versetzt zu werden; irgend
eine Laune oder eine eingebildete Nothwendigkeit des
Sklavenbesitzers konnte es über ihn verhängen, ohne
Mitleid und ohne Hülfe; der Sklavenbesitzer war ge=
schützt durch das Gesetz, welches diese grausame Einrich=
tung aufrecht erhielt.

Während ich so die Scene überblickte, die Seufzer
und die schmerzlichen Ausbrüche meiner unglücklichen
Genossen anhörte, gingen mir plötzlich die Augen auf
und ich beklagte es tief, daß ich sie daran gehindert
hatte, die ihnen in Cincinnati gebotene Freiheit zu
erlangen. Ich hatte nur an das Interesse meines
Herrn, nicht an die Wohlfahrt der armen Sklaven ge=
dacht. O! was hätte ich darum gegeben, noch einmal
dieselbe Gelegenheit zu haben! Nun sollten sie durch
mich dazu verdammt sein, ihr Leben elend zu beschließen
in dem heißen und pestilenzialischen Klima des fernen
Südens,—der Tod wäre mir jetzt willkommen gewesen in
der Angst meiner Seele. In jener Stunde haßte und
verfluchte ich das ganze System der Sklaverei. Nur

ein Gedanke beschäftigte noch meine Seele: die Frei=
heit zu erlangen, Selbstbestimmung, Befreiung von den
grausamen Launen und Glücksumständen der lieder=
lichen Thrannen; fortzukommen mit Weib und Kin=
dern, irgend ein Fleckchen zu finden, wo ich sie mein
nennen könne, wo kein habsüchtiger Besitzer zwischen
uns stehen würde als Beurtheiler ihres Werthes; —
das schien mir ein Himmel zu sein, nach dem ich mich
sehnte mit unsagbarem Verlangen. Ich war bereit
dafür zu beten, zu arbeiten, zu heucheln, schlau zu sein
wie ein Fuchs, und zu kämpfen wie ein Tiger. Alle
die edlen Eigenschaften meiner Seele, zugleich aber
auch die wilden Leidenschaften meiner thierischen Natur
erwachten und verbanden sich zu thatkräftigem Handeln.

Der Grund, weßhalb mein alter Meister Riley mich
und meine Familie vom Verkaufe ausgeschlossen, be=
stand darin, daß er mich für sich selbst zurück zu haben
wünschte. Seine besten Besitzungen hatte man ihm
verkauft und nur einige Streifen geringen Landes
waren ihm verblieben, die er durch gemiethete Sklaven
bearbeiten ließ, seitdem ich seine eigenen fortgeführt.
Monat nach Monat wurde er ärmer und schon einige
Male hatte er seinem Bruder Amos geschrieben, daß
derselbe mir einen Paß geben und mich zurückkehren
lassen solle. Dieser zögerte aber damit, da ich ihm die
Ausgaben für einen Aufseher ersparte, und er ganz gut
wußte, daß das Gesetz ihn in keiner Weise zwingen
könne.

Im Laufe des Sommers 1828 kam häufig ein Me=
thodistenprediger, ein guter weißer Mann, in unsere
Nähe, mit dem ich bald bekannt wurde. Er interessirte
sich für mich, besuchte mich fleißig und sprach eines
Tages in vertrauter Weise mit mir über meine Stel=
lung. „Du solltest frei sein," sagte er zu mir, „du
hast zu viel Anlagen, um immer in dem eingeschränkten
und eigentlich auch nutzlosen Wirkungskreis eines Skla=
ven zu verbleiben. Es darf natürlich Niemand erfah=
ren, daß ich darüber mit dir gesprochen habe, aber wenn
Amos Riley dir die Erlaubniß zu einem Besuch nach
Maryland gibt, so will ich dir die Mittel und Wege
zeigen, durch die es dir vielleicht gelingen kann, deine
Freiheit zu erkaufen." Er sagte mir dies zu wieder=
holten Malen, und da es ganz im Einklang stand mit
meinen eigenen Aussichten und Wünschen, dazu meiner
Selbstachtung schmeichelte, so entschloß ich mich, die
Sache so bald wie möglich zu einer Entscheidung zu
bringen. Die Herbstarbeit war vorüber, man brauchte
mich nicht mehr auf den Feldern, die Gelegenheit für
mich war also so günstig, wie nur möglich — dennoch
zögerte ich, den Vorschlag zu machen. Es hing so viel
davon ab, so manche süße Hoffnung war damit ver=
knüpft, daß ich für den Erfolg zitterte.

Endlich rückte ich an einem Sonntagmorgen, wäh=
rend ich meinen Herrn rasirte, mit meinem Anliegen
heraus, und da ich Gelegenheit haben wollte, dasselbe
erst recht gut anzubringen, bevor er mir antworten

konnte, so wußte ich geschickt die Rasirbürste nahezu in
seinen Mund zu bringen, sobald er mich zu unterbrechen
versuchte. Ich erwähnte natürlich nichts von dem
Plane, mich frei zu kaufen, sondern gründete meinen
Wunsch darauf, daß ich meinen alten Herrn gern noch
einmal sehen möchte. Zu meiner Verwunderung machte
Amos Riley wenig Einwendungen. Ich sei ihm treu
gewesen, hätte seine Achtung errungen und könne ja
vor dem Frühlinge wieder zurück sein. Er ging sogar
so weit, mir zu sagen, daß ich einen solchen Vorzug auch
verdient hätte.

Das Zeugniß, das er mir ausstellte, erlaubte mir,
von Kentucky nach Maryland und wieder zurück zu
reisen, als ein Diener Amos Riley's. Damit versehen
und zugleich mit einem Briefe von meinem Methodisten=
freunde an einen Prediger in Cincinnati, brach ich in
der Mitte des Septembers nach dem Osten auf. Es
begann für mich jetzt ein neuer Abschnitt meines Le=
bens. Der Brief, den ich mit mir trug, gewann mir
eine Anzahl unschätzbarer Freunde, welche mit Herz
und Seele auf meinen Plan eingingen. Sie verschaff=
ten mir Gelegenheit, auf mehreren Kanzeln der Stadt
zu predigen, und ich brachte meine Angelegenheit mit
einer solchen Beredtsamkeit vor, wie sie oft unwill=
kürlich einer Brust entströmt, die erfüllt und durchdrun=
gen ist von einem belebenden Gegenstande. Die Be=
rührung mit Solchen, die sich selbst der Freiheit erfreu=
ten, und ein stolzes Gefühl der Befriedigung darüber,

daß mein Schicksal in meine eigene Hand gelegt war, verlieh mir eine begeisterte Zunge. Ich kämpfte für Leben oder Tod, Himmel oder Hölle, und diejenigen, die mich hörten, fühlten es in ihrem Herzen. In drei bis vier Tagen konnte ich die Stadt verlassen mit einer Summe von 160 Dollars in meiner Tasche und mit einer Seele, welche jubilirte von Dankbarkeit. Erfüllt von Hoffnung, wandte ich jetzt meine Schritte nach Chillicothe, wo die Ohio Conferenz der Bisch. Methodistenkirche ihre Sitzung hielt. Mein gütiger Freund begleitete mich, und durch seinen Einfluß und seine Bemühungen wurde mir noch ein weiterer Erfolg zu Theil. Auf seinen Rath kaufte ich mir auch einen anständigen Anzug und ein ausgezeichnetes Pferd, auf dem ich dann von Stadt zu Stadt ritt, überall, wohin ich kam, predigte ich und wurde mit der größten Freundlichkeit behandelt. Der Contrast zwischen der Achtung, mit der man mir begegnete, und der Behandlung in meinem gewöhnlichen Plantageleben erweckte in mir Gefühle, wie sie in Jedem entstehen müssen, der noch einen Funken von persönlicher Selbstachtung in sich trägt. Die süße Freude über das Mitgefühl und das herzliche „Gott segne dich, Bruder", waren für mein langerstorbenes Herz eine himmlische Belohnung, eine Nahrung, die mir die Engel zuführten. Die Freiheit war eine glorreiche Hoffnung in meinem Geiste, nicht als eine Erlösung von der Arbeit (ich liebte die Arbeit, wenn mein Herz dabei war), sondern weil sie mir Zu-

gang eröffnete zu veredelnder Arbeit und zu einem Ver-
kehr mit mir überlegenen Geistern.   Dennoch hielt ich
an dem Entschlusse fest, sie nur auf eine gesetzliche
Weise zu erlangen — durch Freikauf.   Der Becher
meiner Leiden war noch nicht voll genug, mich alle
meine Pflichten gegen meinen Herrn vergessen zu
machen.

5

Achtes Kapitel.

Meine Rückkehr nach Maryland.

Bevor ich Ohio verließ und mich nach Montgomery Grafschaft wandte, hatte ich 270 Dollars, außer meinem Pferd und meinen Kleidern. Stolz über meinen Erfolg, erfreute ich mich des Gedankens, mich noch einmal wieder auf dem Platze zu zeigen, wo ich nur als „Riley's Hauptneger" bekannt gewesen war, und es gewährte mir keine kleine Genugthuung, als ich um Weihnachten nach dem alten Hause hinaufritt.

Riley war nicht zurückhaltend in seinem Empfang, sondern bezeugte auf eine laute Weise seine große Freude, als er mich sah. „Si, was hast du denn gemacht, du bist ja ein rechter schwarzer Gentleman geworden!" Mein Pferd und meine Kleider schienen ihn zu überraschen, und ich sah bald, daß sie ihn verwirrten, denn meine Kleider waren offenbar besser als die seinigen. Es offenbarte sich bald in seinem Benehmen jener tyrannische Haß, mit dem die Gemeinen und Rohen, die keine angeborene Geistesüberlegenheit besitzen, das geringste Zeichen von Gleichheit bei ihren

Untergebenen behandeln. Sein Gesicht schien mir
sagen zu wollen: „Ich werde den Gentleman schon
bald aus dir herausbringen." Ich gab ihm einen Be=
richt über meine Predigten und erklärte ihm, wie ich zu
meinen Kleidern gelangt sei, ohne ihm natürlich meinen
Hauptzweck zu verrathen. Er verlangte meinen Paß
zu sehen und als er bemerkte, daß derselbe mich berech=
tigte, nach Kentucky zurückzureisen, händigte er denselben
seiner Frau ein, damit sie ihn in sein Pult verschlösse.
Die Handlungsweise war kühl und erschreckend und es
war mir, als ob ich auf's Neue in die Gefängnißthür
getreten wäre und die Riegel vorgeschoben würden. Ich
sagte nichts, faßte aber meine eigenen Pläne.

Nachdem ich mein Pferd in den Stall gebracht, begab
ich mich in die Küche, wo mir meine Schlafstelle ange=
wiesen worden war. O, wie verschieden von den Be=
quemlichkeiten, die ich während der letzten drei Monate
in den freien Staaten genossen, war diese gedrängt volle
Küche mit ihrem Erdboden, ihrem Schmutz und Ge=
stank! Ich blickte um mich mit einem Gefühl der Ver=
abscheuung. Die gegenwärtigen Neger waren mir
fremd; meine Mutter war während meiner Abwesen=
heit gestorben, und es war somit jedes Band zerrissen,
das mich an diese Scholle knüpfte.

Voll düsterer Betrachtungen über meine Einsamkeit
und das ärmliche Aussehen der ganzen Farm setzte ich
mich nieder, und während meine Gefährten in glück=
lichem Unbewußtsein schnarchten, dachte ich darüber

nach, wie ich am besten diesem hassenswerthen Platze
entfliehen könne.

Ich kannte hier nur einen Freund, Herrn Frank, den
Schwager Riley's, von dem ich schon früher erzählte.
Derselbe war jetzt volljährig und hatte ein Geschäft in
Washington etablirt. Ich hoffte, daß er sich noch für
mich interessiren würde, da ich ihm einmal nach bestem
Vermögen seinen Kummer erleichtert hatte, als er noch
ein mißhandelter Knabe im Hause seiner Schwester
war. Zu ihm entschloß ich mich zu gehen und sobald
ich glaubte, die Zeit zur Abreise sei da, sattelte ich mein
Pferd und ritt nach dem Wohnhause. Es war noch
früh am Morgen; aber Riley war schon in seinem ge-
wohnten Geschäfte nach der Taverne gegangen, während seine Frau am Fenster erschien, um mein Pferd
und meine Kleidung zu mustern. Sie fragte mich, wohin ich gehen wolle, und ich antwortete ihr: „Zu Herrn
Frank nach Washington; aber ich muß meinen Paß
mit mir nehmen und möchte Sie um denselben bitten.“
„O, hier kennt dich Jedermann, du brauchst keinen
Paß.“ „Ja, es könnte doch sein, daß ich einem unwir-
schen Fremden begegnete, der mich anhielte und plagte,
wenn er mir nicht noch Schlimmeres thäte.“ „Gut, so
will ich ihn dir holen.“ Sie ging und ich war zu froh,
als ich sie mit dem Paß zurückkehren sah und sie ihn mir
einhändigte, ohne einen Gedanken daran zu haben, wie
wichtig derselbe für mich sei.

Der Empfang von Seiten Frank's war so freundlich

und herzlich, wie ich es nur erwarten konnte. Ich machte ihn sogleich mit allen meinen Plänen und Hoffnungen bekannt. Er ging aufrichtig darauf ein und drückte auf's Herzlichste sein Mitgefühl aus. Ich merkte bald, daß er Riley gründlich verachtete, weil derselbe ihm einen Theil seines Vermögens vorenthalten hatte, was er als Vormund zu verwalten gehabt. Da er jedoch mit ihm nicht auf kriegerischem Fuße lebte, so erklärte er sich bereit, mit seinem Schwager über meine Freilassung verhandeln zu wollen, und begab sich zu diesem Zwecke einige Tage später zu demselben. Er legte ihm meinen Plan vor und sagte ihm, daß ich Geld und einen Paß besitze, daß ich ein gewandter Mensch sei und ihm treu und redlich gedient, ja schon hundert Mal den Preis für mich bezahlt habe durch den bedeutenden Ertrag, den ich durch meinen Einfluß und meine Geschicklichkeit auf seinen Feldern erzielte. Er ermahnte ihn, mein redliches Anerbieten anzunehmen, da ich sonst vielleicht ohne seine Hülfe fertig werden könne, und er weder mich noch mein Geld sehen würde; mein Paß und mein Pferd machten mich, wie er ihm sagte, jetzt schon unabhängig von ihm und er solle sich lieber mit guter Miene in das Unvermeidliche fügen, das nun doch nicht zu ändern sei. Durch solche Beweisgründe brachte er Riley auch wirklich dahin, daß derselbe versprach, über die Sache nachzudenken und sich endlich auf einen Freikauf einließ. Er stellte die Bedingung, mir meine Freipapiere für 400 Dollars auszuliefern und

zwar sollte ich 350 Dollars baar bezahlen und für die
übrigen 50 mich ihm in einer Verschreibung verpflichten. Mein Geld und mein Pferd setzten mich in den
Stand, ihm die Baarzahlung zu leisten, und so schien sich
denn meine schöne Hoffnung auf redliche Weise verwirk-
licht zu haben. Das Geschäft hatte eine ziemliche Zeit
in Anspruch genommen, und erst am 9. März 1829
erhielt ich meine Freilassungspapiere, in gesetzlicher
Form ausgestellt. Ich beschloß nun, sogleich nach
Kentucky zurückzukehren. Am Morgen vor meiner Abreise trat mein früherer Besitzer freundlich zu mir herein
und ließ sich mit mir in ein Gespräch über meine Pläne
ein. Er fragte mich, ob ich gesonnen sei, meine Papiere
zu zeigen, wenn man mich auf dem Wege fragen würde,
und als ich ihm dies bejahte, sagte er zu mir: „Du
würdest ein Narr sein, wenn du das thätest. Sklavenhändler würden dich auffangen und in's Gefängniß
werfen; dann würde man dich zur Erlangung der Ge-
fängnißunkosten verkaufen und du würdest im Besitze
dieser Händler sein, ehe daß irgend einer deiner Freunde
dir helfen könnte. Dein Paß ist für dich ausreichend
und deine Papiere will ich für dich in ein Couvert ein-
schließen, versiegeln und an meinen Bruder Amos
adressiren. Niemand wird wagen, das Siegel zu erbre-
chen, da dieses gegen das Gesetz ist; kommst du dann nach
Hause, so hast du deine Papiere wohlerhalten und sicher
bei dir." Ich dankte ihm für den freundlichen Rath, und
in meinem Glücke unfähig, gegen Andere Verdacht zu

fassen, erlaubte ich ihm, meine Papiere einzupacken.
Er schloß sie in verschiedene Umhüllungen ein, versah
das Packet mit drei Siegeln und adressirte es an seinen
Bruder Amos in Davis Grafschaft, Kentucky. Ohne
Arg steckte ich es in meinen Reisesack. Ich begab mich
dann sofort zu Fuß nach Wheeling, nahm hier ein Boot
und erreichte zur rechten Zeit den Ort meiner Bestim-
mung. Zu wiederholten Malen wurde ich auf meinem
Wege angehalten, aber ich entging allen ernsten Hin-
dernissen, indem ich immer darauf bestand, mich vor
den Magistrat zu führen, und dieser konnte mich nicht
festhalten, da mein Paß sich in guter Ordnung befand.

Das Boot, mit dem ich von Louisville abgereist war,
setzte mich im Dunkeln an's Land, und ein Gang von
einigen Stunden brachte mich zu der Farm. Da es
schon Schlafzeit war, begab ich mich sogleich in meine
Wohnung, wo ich Weib und Kinder wohl antraf.
Natürlich hatte ich viel mit meiner Frau zu besprechen,
und erfuhr bald, daß ich nicht nur Neues zu erzählen,
sondern auch solches zu hören hatte. Lange vor meiner
Ankunft waren Briefe in dem Herrenhause angekommen
und die Kinder desselben hatten nichts Eiligeres zu thun
gehabt, als meine Frau mit dem Inhalte derselben bekannt zu machen. Dadurch hatte sie denn erfahren, daß
ich gepredigt, Geld gesammelt und mich frei gekauft
habe. Sie fragte mich mit ängstlicher Spannung, woher ich denn nur das Geld genommen habe, denn daß
ich es wirklich durch meine Predigten erhalten hatte,

konnte sie nicht begreifen. Ich hatte Mühe, ihr den
Glauben zu nehmen, daß ich es gestohlen habe. „Aber
woher willst du nur den Rest der tausend Dollars neh=
nehmen?" fragte sie mich. „Der tausend Dollars?!"
O, wie diese Worte mich darnieder schlugen! Ich be=
gann sogleich Betrug zu fürchten und drang in meine
Frau ein, mir doch Alles, was sie wisse, mitzutheilen.
Sie erzählte mir nun, daß Amos von seinem Bruder
Briefe erhalten habe, worin dieser ihm mittheilte, daß
ich 1000 Dollars für meinen Freikauf zu zahlen mich
verpflichtet hätte; 350 davon seien bereits abbezahlt
und bis ich auch die übrigen 650 Dollars abbezahlt
hätte, dürfe Amos mir meine Papiere nicht verabfolgen.
Jetzt merkte ich die ganze Schurkerei! Darum also
hatte Riley sich so freundlich erboten, meine Papiere zu
verpacken, damit Niemand außer seinem Bruder diesel=
ben zu Gesicht bekäme. Verachtung wäre ein zu ge=
linder Ausdruck für das, was ich über diese Spitzbüberei
fühlte. Ich war außer mir vor Zorn und fast gelähmt
vor Verzweiflung. Der Traum von Glück und Segen
war vorüber. Was konnte ich thun, mich wieder auf=
zurichten? Der einzige Zeuge der Wahrheit, Herr
Frank, war tausend Meilen von mir entfernt. Ich
konnte nicht an ihn schreiben und konnte keinen Ande=
ren bitten, es für mich zu thun, da alle Diejenigen, die
des Schreibens kundig waren, selbst Sklavenbesitzer
waren. An den Magistrat konnte ich mich auch nicht
wenden, aus Furcht, aufgegriffen und nach dem Süden

verkauft zu werden; die Hand eines jeden Weißen war
wider mich. Eines aber war gewiß: meine Papiere
durften nicht in Amos Riley's Hände gelangen. Ich
sagte meiner Frau, daß ich dieselben seit meinem Auf=
enthalt in Louisville nicht gesehen habe, und daß sie
sich möglicherweise in meinem Reisesacke befänden, viel=
leicht aber auch verloren gegangen sein könnten. Ich
selbst wolle nicht darnach sehen, wenn sie dieselben aber
fände, so würde es wohl das Beste sein, sie ohne mein
Wissen zu verbergen.

Am nächsten Morgen, als das Horn zur Arbeit
rief, begab ich mich zu Amos Riley. Er saß auf einer
Stiege und rief mir, sobald er mich erkannte, ein herz=
liches „Willkommen" entgegen. „Halloh Si! bist du
es? Ich freue mich sehr, dich wieder zu sehen, du bist
ja ein wahrer schwarzer Gentleman geworden!" Bei
den letzten Worten prüfte er meine Kleider mit einem
musternden Blicke. „Und du möchtest frei sein, he?
Mein Bruder Isaak hat es mir geschrieben; aber er
behandelt dich zu hart; 650 Dollars sind nicht leicht
aufzubringen in dem alten Kentucky." Aus dem nun
folgenden Gespräch ging klar hervor, daß meine Frau
recht hatte. Mein alter Meister dachte gar nicht daran,
mich frei zu geben. Er wußte, daß ich die 650 Dollars
nicht würde erschwingen können, wenn sein Bruder mich
in seinem Besitze hielt. Letzterer fragte mich jetzt, ob
ich nicht Papiere für ihn hätte. Ich antwortete ihm,
daß ich solche allerdings gehabt, daß sie sich aber nicht

mehr in meinem Reisesacke befänden. Er schickte mich
darauf nach dem Landungsplatze, um zu sehen, ob ich
sie vielleicht verloren hätte auf dem gestrigen Wege.
Ich fand sie natürlich nicht und er machte nicht viel
Aufhebens davon, da er beabsichtigte, mich für sich
selbst zu behalten und die ganze Sache nur als einen
schlauen Streich seines Bruders ansah, mir Geld zu
erpressen. Aber alles, was er darüber zu sagen hatte,
war: „Nun, ein Unglück wie das kann Jedem paf=
siren.“ Das war der Trost für einen Mann, der fast
wahnsinnig war vor Kummer über den gemeinen und
offenbar unabänderlichen Schurkenstreich, den man ihm
gespielt. Ich hatte gehofft, bald frei und im Stande
zu sein, die übrigen fünfzig Dollars zu verdienen, um
meinen Verpflichtungen gegen Riley nachzukommen,
und anstatt dessen mußte ich nun wieder mit meiner
alten Arbeit beginnen. Es nützte nichts, meinen Kum=
mer zur Schau zu tragen und ich begab mich so ruhig
wie möglich an die Arbeit, entschlossen, auf Gott zu
vertrauen und nicht zu verzweifeln.

Neuntes Kapitel.

Nach dem Süden geführt. Trennung von Weib und Kindern.

Ein Jahr verlebte ich in der gewöhnlichen Weise. Von Zeit zu Zeit neckte mich mein Meister wegen der 650 Dollars und erzählte mir, daß sein Bruder fortwährend an ihn schreibe und ihn frage, warum denn „Si" kein Geld schicke. Bei den Brüdern ging es wie mit zwei Diamanten, die sich gegenseitig reiben. Amos dachte gar nicht daran, seinem Bruder das Spiel zu erleichtern; er war froh genug, mich für seinen eigenen Dienst zu behalten. Jedoch ganz plötzlich und unerwartet berichtete er mir, daß sein Sohn Amos, ein junger Mann von 21 Jahren, sich nach Orleans begeben würde mit einem Plattboot, um die Erzeugnisse der Farm dort so vortheilhaft wie möglich zu verkaufen, und daß ich ihn begleiten solle, um das Geschäft zu leiten.

Diese Mittheilung war genug für mich. Obgleich

es nicht deutlich gesagt wurde, so wußte ich doch, was man beabsichtigte, und mein Herz zuckte zusammen vor Weh über dieses schreckliche Ende meiner langgehegten Hoffnungen. Jetzt schien es keine Wahl mehr zu geben, als den Tod; dennoch wollte ich nicht verzweifeln und tröstete mich, daß Hoffnung da sei, so lange das Leben währe. Die Aussicht auf das mich erwartende Schicksal rief jedoch in mir ein Gefühl hervor, das der Verzweiflung nahe kam, und vergebens würde ich versuchen, den elenden Zustand zu beschreiben, in dem ich mich befand, als ich meine Vorbereitungen für die Reise traf. Ich hatte nicht viel zu ordnen, aber eines schien mir wichtig zu sein: ich bat meine Frau, meine Freipapiere in Zeug einzunähen und dieses um meinen Leib zu befestigen. Ich hoffte, daß ich doch noch vielleicht Gebrauch von denselben machen könne, und ich wollte kein Mittel unversucht lassen, um dem fürchterlichen Dienste zu entgehen, der mir drohte.

Die Ursache dieser Handlungsweise von Seiten Amos Riley's habe ich niemals völlig begriffen. Sie entsprang aus einem eifrigen Briefwechsel zwischen ihm und seinem Bruder. Waren sie zuletzt übereingekommen, mich zu verkaufen und den Erlös unter sich zu theilen? Fürchtete Amos Riley, daß ich ihm davonlaufen könne und wollte er mich an einen Ort senden, von wo es keine Rückkehr mehr gibt? — Ich weiß es nicht. Daß er aber beabsichtigte, mich zu verkaufen, war Thatsache, und Gott weiß es, wie schwer dieser Schlag mich traf.

Meine Frau und Kinder begleiteten mich nach dem Landungsplatze, wo ich ihnen „Lebewohl" sagte, vielleicht für's ganze Leben. Dann begab ich mich in das Boot, in dem sich außer dem jungen Amos und mir noch drei für diese Reise gemietete weiße Männer befanden. Unsere Ladung bestand in Rindvieh, Schweinen, Geflügel, Getreide und Whiskey, welche Produkte wir in den am Ufer liegenden Ortschaften zu dem bestmöglichsten Preise verkaufen sollten. Es war eine ganz gewöhnliche Geschäftsreise, die sich durch keine Unfälle, wie Sturm, Schiffbruch u. s. w. auszeichnete, desto mehr aber durch den Sturm der Leidenschaften in meinem Herzen und durch die Gefahr des Schiffbruchs meiner eigenen Seele, die während der ganzen Reise drohend über mir schwebte. Nur eines besonderen Umstandes will ich erwähnen, der wie so manche andere Ereignisse meines Lebens die Wahrheit des Bibelwortes bestätigt: „Und wer unter euch der Größeste sein will, soll euer Diener werden." Abwechselnd mußten wir unsern Platz am Steuerruder einnehmen, manchmal unter Leitung des Kapitäns, manchmal auf unsere eigene Verantwortung, da er nicht immer wach sein konnte. Während des Tages war es keine schwierige Arbeit, wohl aber in der Nacht, wo es galt, Sandbänke und Felsspitzen im Flusse zu vermeiden. Der Kapitän war der Einzige, der es konnte, und weil ich, als der

einzige Schwarze unter ihnen, drei Mal so lange am
Steuer sein mußte als die Anderen, daher fleißig den
Kapitän beobachten und ihm ablernen konnte, so ver=
stand ich es bald besser als die Uebrigen, das Boot zu
regieren, Sägemühlen zu meiden, auf einer Sandbank
zu landen, Felsspitzen und Dampfschiffen auszuweichen.
Als dann bald darauf der Kapitän an einer Augen=
entzündung erkrankte und fast gänzlich erblindete,
konnte ich allein seine Stelle einnehmen, und war in
der That bis zu unserer Ankunft in New Orleans der
Befehlshaber des Bootes. Nach der Erblindung des
Kapitäns hatten wir bei Nacht zu ankern, da nur er
den Fluß schon passirt hatte. Es war auch nothwendig,
eine Wache aufzustellen, um sicher zu sein vor den am
Ufer wohnenden Negern, die häufig Boote wie das
unsrige angriffen und beraubten. Als wir in Vicks=
burg anlegten, erhielt ich Erlaubniß, einige nahe
liegenden Plantagen zu besuchen, wo sich einige meiner
alten Kameraden befanden, die ich von Maryland mit
mir gebracht hatte. Es war der traurigste Besuch, den
ich je gemacht. Vier Jahre in einem ungesunden
Klima und unter einer harten Behandlung hatten sie
um zwanzig Jahre älter gemacht und ihre Wangen
waren buchstäblich hohl vor Hunger und Krankheit.
Sie beschrieben mir ihr tägliches Leben als eine
unausgesetzte Arbeit in den sumpfigen Märschen,
unter der glühenden Sonne, wobei sie halb nackt
gekleidet, fortwährend den giftigen Dünsten und den

Bissen der Mosquitos und der Schlangen ausgesetzt waren. Sie hofften auf den Tod als die einzige Er=lösung. Manche von ihnen weinten, als sie mich sahen, über das Schicksal, das meiner wartete. Ich schied von ihnen mit einem gebrochenen Herzen, und bis heute verfolgt mich die Erinnerung an jene elende Gruppe.

Zehntes Kapitel.

Eine schreckliche Versuchung.

Die ganze äußere Natur schien meine düsteren Gedanken zu nähren. Wie verschieden sind die Gefühle derer gewesen, welche den Mississippi hinuntergefahren sind! Die, welche von Nichts gedrückt sich fühlen, mögen wohl Naturschönheiten und genug Interessantes wahrnehmen und gewinnsüchtige Kaufleute sehen einen Goldfluß, beladen mit den Reichthümern aller Nationen, — ich sah nichts als Anzeichen des Wahns und der Verzweiflung. Alles, was ich bemerkte, waren elende Negerhütten, stinkende Gerüche, halbverfaulte, mit grünen Fliegen und Raubvögeln bedeckte Cadaver von Ochsen und Pferden, die an uns vorüberschwammen. Ich verlor den Glauben an Gott; ich konnte nicht mehr beten, hatte alles Vertrauen verloren. Ich bildete mir ein, daß er mich verstoßen und für immer verlassen habe, und ich schrie nicht zu ihm um Hülfe. Ich erblickte im Geiste nur die faulen Krankheitsstoffe, die abgezehrten Gesichter meiner Mitsklaven und als den einzigen sicheren, schnellen und liebenden Erlöser

aller Elenden — den Tod! Ja, — Tod und Grab!
"Da müssen doch aufhören die Gottlosen mit Toben;
daselbst ruhen doch, die viel Mühe gehabt haben. Da
haben doch miteinander Frieden die Gefangenen, und
hören nicht die Stimme des Drängers." Zwei Jahre
eines solchen Lebens mußten mich tödten. Ueber diese
Gedanken brütete ich. Zwei Jahre! — und dann sollte
ich frei sein! Frei! Das war ja meine langgenährte
Hoffnung, wenn sie sich auch in anderer Weise verwirk=
lichte, als ich gedacht.

Wenn ich so während meiner Wache auf dem Verdeck
auf= und abging, zog manch schmerzlicher und leidenschaft=
licher Gedanke durch meine Seele. Nach Allem, was
ich für Isaak und Amos Riley gethan, jetzt solch' eine
Belohnung; nach aller Achtung, die für mich zu hegen
sie vorgegeben, solch' eine Mißachtung aller meiner An=
sprüche an sie! Die grausame Selbstsucht, mit der sie
bereit waren, mich in jedem Augenblick ihren Interessen
zu opfern, verwandelte mein Blut in Galle und machte
aus einem lebhaften, gutherzigen Menschen einen wil=
den, mürrischen und gefährlichen Sklaven. Ich war
nicht bereit, wie ein Lamm zur Schlachtbank zu gehen,
sondern fühlte wohl, wie ich mit jedem Tage gefährlicher
wurde, und als wir uns dem Orte näherten, wo die
Sünde an mir begangen werden sollte, ergriff mich eine
unbezähmbare Wuth. Ich sagte zu mir selbst: "Wenn
es dazu kommen soll, so kann ich nicht mehr lange
leben. Hat das Leben im Süden schon einen solchen

6

Einfluß gehabt auf jene Armen, die ich kurz zuvor be=
ſuchte, und die jünger ſind als ich, ſo wird es mich bald
tödten. Ich ſoll an einen Ort und in Verhältniſſe
kommen, die mein Leben nicht allein kürzen, ſondern
auch elend machen werden. Warum ſoll ich das nicht
verhindern, wenn ich es thun kann, indem ich das Leben
derjenigen verkürze, die an mir dieſe Ungerechtigkeit be=
gehen wollen? Ich kann es thun mit leichter Mühe,
da ſie keinen Verdacht haben und in dieſem Augenblick
gänzlich unter meiner Controlle und in meiner Macht
ſtehen. Es gibt viele Arten, auf welche ich ſie tödten
und dann entfliehen kann, und ich fühle mich ganz ge=
rechtfertigt, die erſte Gelegenheit zu meiner Befreiung
zu benützen." Das waren Gedanken, die nicht nur
meinen Geiſt durchzogen und dann verſchwanden, ſon=
dern bei jedem neuen Erſcheinen nahmen ſie beſtimmtere
Form und Geſtalt an, bis es bei mir zum Entſchluß
kam, den Gedanken in Wirklichkeit zu verwandeln.

Ich wollte meine vier Gefährten tödten, das Geld
nehmen, das im Boote war, letzteres verſenken und nach
dem Norden entfliehen. Der Plan konnte freilich auch
fehlſchlagen; aber er war eben unter den obwaltenden
Umſtänden gefaßt worden, wie die Pläne der meiſten
Mörder. Geblendet durch Leidenſchaft und faſt wahn=
ſinnig wie ich war, ſchienen für mich keine Schwierigkei=
ten vorhanden zu ſein, und in einer dunkeln, regneriſchen
Nacht, nur wenige Stunden von New Orleans entfernt,
glaubte ich, die rechte Stunde ſei gekommen. Meine Ka=

meraden schliefen unten, ich war allein auf dem Verdeck;
ich schlich mich leise hinunter, ergriff eine Axt und be=
trat die Kajüte. Bei dem trüben Lichtschimmer schaute
ich nach meinen Opfern aus. Der junge Amos lag
mir am nächsten, meine Hand glitt am Griff hinunter,
und ich erhob die Axt, um den schrecklichen Schlag zu
thun, — als mich plötzlich der Gedanke durchzuckte:
„Du willst morden und bist ein Christ!" Bis dahin
hatte ich mein Vorhaben nicht Mord genannt, sondern
Selbstvertheidigung, um Andere zu hindern, einen
Mord zu begehen. Ich glaubte, daß die That gerecht
und sogar lobenswerth sei, — aber plötzlich wurde es
mir klar, daß ich im Begriffe stehe, ein Verbrechen zu
begehen. Ich wollte einen jungen Mann tödten, der
mir nichts zu Leide gethan, sondern nur die Befehle sei=
nes Vaters befolgt hatte. Alle Früchte meiner bisheri=
gen Anstrengungen, ein gutes Gewissen zu bewahren,
den Charakter, den ich erlangt, den Frieden meiner
Seele, der mich bis dahin nie verlassen, setzte ich auf's
Spiel. Das Bewußtsein von all diesem kam über
mich so stark, als ob Jemand mir die Worte in's Ohr
flüstere, und ich wandte meinen Kopf, um zu lauschen.
Ich schreckte zurück, legte die Axt nieder und dankte
Gott, wie ich es seitdem jeden Tag gethan, daß er mich
vor der schrecklichen That bewahrt.

Meine Gefühle waren noch immer aufgeregt; aber sie
waren geändert. Ich war erfüllt von Scham und Reue
über mein Vorhaben und voll Furcht, daß die Anderen

es auf meinem Gesichte lesen oder ein unbedachtes Wort
meine schuldigen Gedanken verrathen könnte, daher blieb
ich die ganze Nacht auf dem Verdeck, anstatt einen der
Schlafenden zu meiner Ablösung zu wecken. Nichts
brachte meinem Geiste Ruhe als der feierliche Entschluß,
mich ganz in Gottes Hand zu legen und mit Dankbar=
keit, wenn ich könnte, jedenfalls aber mit Ergebung in
seinen Willen das anzunehmen, was Er über mich ver=
hängen würde. Ich dachte, wenn mein Leben kurz sei,
so würde auch das Leiden bald ein Ende haben, und daß
es besser sei, mit der Hoffnung eines Christen zu sterben
und mit einem unbelasteten Gewissen, als zu leben mit
der beständigen Erinnerung an ein Verbrechen, welches
den Werth des Lebens zerstören, und unter der Last
eines Geheimnisses, welches die Befriedigung über
meine Freiheit und jeden anderen Segen von mir neh=
men würde.

Es währte lange, bis ich meine Selbstbeherrschung
und Heiterkeit wieder erlangte; aber ich glaube nicht,
daß außer denen, die von mir selbst die Sache erfuhren,
irgend Jemand eine Ahnung von meiner Absicht hatte.

Elftes Kapitel.

Errettung durch die Vorsehung.

Wenige Tage nach dieser entscheidenden Krisis in meinem Leben erreichten wir New Orleans. Der Rest der Ladung wurde verkauft, die Männer entlassen, und es blieb nichts mehr zu thun übrig für den jungen Herrn, ehe er auf einem Dampfschiffe nach der Heimath zurückkehrte, als auch mich und das Boot zu verkaufen. Er selbst sagte mir, daß dieses der Auftrag seines Vaters sei, und daß er sich desselben entledigen müsse. Verschiedene Pflanzer kamen, mich zu sehen und zu prüfen. Ich mußte eine Probe ab= legen, wie schnell ich laufen könne; die Vorzüge meines Körpers wurden geprüft, wie man es bei einem Pferde gethan haben würde, und natürlich wurden auch meine besonderen Fähigkeiten hervorgehoben, damit mein Werth als Hausthier noch erhöht werden möchte. Amos hatte scheinbar freundlich mit mir gesprochen und mir versichert, er werde einen guten Herrn für mich suchen, der mich als Kutscher oder Hausdiener anstellen würde; die Zeit verging jedoch, ohne daß ich irgend welche Bemühungen von seiner Seite dazu bemerkte.

Während unserer Freizeit versuchte ich jedes Mittel, sein Herz zu bewegen. Mit Thränen und Seufzern bat ich ihn, mich doch nicht von Weib und Kindern zu trennen. Ich erinnerte ihn an die Dienste, die ich seinem Vater geleistet, an die tausend kleinen Dinge, die ich für ihn persönlich gethan, beschrieb ihm den elenden Zustand der Sklaven in Vicksburg — doch, obwohl er bei meinen Worten oftmals Thränen vergoß, blieb seine Absicht unverändert. Er wich mir aus, so viel er konnte und vermied es, mit mir zu reden. Sein Gewissen war offenbar beunruhigt; er wußte, daß er eine grausame Handlung zu begehen im Begriffe stand; aber er versuchte, dem Nachdenken darüber zu entgehen. Ich folgte ihm jedoch hart, denn ich kämpfte für mein Leben. Manchmal fiel ich nieder und umklammerte seine Kniee unter Bitten und Flehen; aber wenn ich ihn zu hart bedrängte, so fluchte er und schlug mich. Möge Gott ihm vergeben. Es war ja eigentlich nicht sein Fehler; er wurde von Kind auf nichts Besseres gelehrt. Ich war sein Eigenthum — nicht Mensch, Vater und Ehegatte; es kamen hier nur die Gesetze des Eigenthumsrechtes und der Selbstinteressen zur Geltung, nicht die der Menschlichkeit und Liebe. Endlich war Alles geordnet bis auf dieses einfache Geschäft. Am nächsten Tage sollte ich verkauft werden und gleich

darauf wollte Master Amos nach seiner Heimath zurück-
-kehren. Ich konnte die ganze Nacht nicht schlafen; die
Stunden derselben schienen mir unerträglich lang zu
sein, obwohl es eine der kürzesten des Jahres war.
Wir waren so langsam den Fluß herunter gekommen,
daß wir gerade in den heißesten und kürzesten Tagen
New Orleans erreichten, und Jedermann weiß, was
das Klima um diese Zeit da zu bedeuten hat. Und
nun trat eine jener plötzlichen Vermittlungen ein, wodurch in einem Augenblick der Lauf eines Menschen-
lebens geändert wird, eine jener kleinen, zuerst kaum
bemerkbaren Zufälligkeiten, durch die der Glaube, daß
„wenn die Noth am größten, Gottes Hülfe am nächsten
ist", aufrecht erhalten wird. Früh, vor Anbruch des
Tages, rief mein junger Herr mich zu sich und sagte
mir, daß er sich sehr krank fühle. O, wie hing meine
ganze Zukunft von diesen Worten ab! Ich rieth ihm,
sich niederzulegen, und war der Ueberzeugung, daß es
bald vorüber gehen werde. Sein Magen war in Un-
ordnung, er wurde schlimmer und schlimmer, und es
blieb bald kein Zweifel, daß er vom Flußfieber ergriffen
war. Schon um acht Uhr Morgens war er gänzlich
geschwächt. Das Blatt hatte sich nun gewendet. Ich
war nicht länger mehr Eigenthum, nicht mehr ein
Thier, das man willkürlich kaufen und verkaufen
konnte, sondern sein einziger Freund in der Mitte von
Fremden. Wie verschieden war jetzt sein Ton von
dem des vorherigen Tages! Er war jetzt der Bittende,

ein armes, erschrockenes Geschöpf, das sich vor dem
Tode fürchtete und sich nun krümmte in seinen Schmer=
zen. Da lag der letzte Schiedsrichter über mein Schick=
sal. O, wie er mich anflehte, ihm zu vergeben.
„Bleibe bei mir, Si, bleibe bei mir! Verlaß mich
nicht, verlaß mich nicht! Es ist mir herzlich leid, daß
ich dich verkaufen wollte!" Manchmal sogar sagte er
mir, daß er nur Scherz gemacht und nie ernstlich daran
gedacht habe, sich von mir zu trennen. Er bat mich,
seine Angelegenheiten vollends zu ordnen, das Flach=
boot, in dem wir bis dahin gelebt, sogleich zu verkaufen
und ihn und seinen Koffer auf das Dampfschiff zu
bringen. Ich that Alles, und schon um 12 Uhr des=
selben Tages befanden wir uns in der Krankenkajüte
eines Dampfschiffes.

O mein Gott, wie mein Herz Dir Jubellieder sang,
als das Schiff die Anker lichtete und seinen Kiel den
mächtigen Fluthen des Mississippi zuwandte! Fort
von dem Lande der Knechtschaft und des Todes! Hin=
weg von Elend und Verzweiflung! Noch einmal erfüllte
frohe Hoffnung mein Herz, und ich bat Gott, wenn ich
jetzt nicht den Weg zur Freiheit fände, mir keine Ge=
legenheit wieder zu geben.

Wir hatten uns nur erst wenige Stunden auf der
Reise befunden, als es mit dem Kranken etwas besser
zu werden schien. Der Luftwechsel belebte ihn und
das war gut, denn so kurz auch die Krankheit gewährt,
so hatte sie wie Feuer in seinem Körper gewüthet, und

er war dem Tode nahe. Ich bewachte und pflegte ihn wie eine Mutter, die Erinnerung an persönliches Un=recht war ausgelöscht durch den Anblick seines elenden Zustandes. Seine Augen folgten mir, wohin ich ging, seine Kraft war so gänzlich erschöpft, daß er weder spre=chen noch ein Glied bewegen konnte, und sein Verlangen nach ein wenig Haferschleim oder einem Trank, um seinen Schlund zu feuchten, gab er nur durch eine schwache Bewegung seiner Lippen zu erkennen. Ich pflegte ihn sorgfältig und beständig, und das allein konnte sein Leben retten, da es für längere Zeit nur an einem Faden hing. Wir brauchten zu unserer Reise 12 Tage, da das Wasser um diese Jahreszeit sehr nie=drig war, besonders im Ohio. Als wir landeten, konnte mein junger Herr nicht sprechen und nicht ohne eine Leiter fortgeschafft werden. Ich versuchte daher, einige zu dem Gute gehörige Sklaven herbeizuschaffen, die ein Relais bildeten und auf diese Weise den jungen Amos heimtrugen. Groß war der Schrecken auf dem Gute, als man mich in einer solchen Gesellschaft zurück=kommen sah. Nachdem man sich aber erst überzeugt hatte, daß der Getragene ihr eigener kranker Sohn und Bruder sei, da wollte der Jammer über den armen Amos kein Ende nehmen. Erst nachdem die Familie einigermaßen zu sich kam, wurde auch mir ein Dank zu Theil für die Sorge, die ich für ihn und die Ladung getragen hatte. Obgleich wir am 10. Juli die Hei=math erreicht hatten, dauerte es doch bis Mitte August,

ehe der Kranke sein Zimmer verlassen konnte. Um
ihm Gerechtigkeit widerfahren zu lassen, muß ich ge=
stehen, daß er mir große Dankbarkeit bewies, und seine
ersten Worte, als er wieder Kraft zum Sprechen erlangt
hatte, bestanden in einem Lob über mein Betragen.
„Wenn ich dich verkauft hätte, so wäre ich gestorben.“
Auf den übrigen Theil der Familie schien das Ereigniß
jedoch keinen nachhaltigen Einfluß ausgeübt zu haben,
und die ersten wenigen Worte der Anerkennung waren
Alles, was mir zu Theil wurde. Ich wurde wieder an
meine alte Arbeit gewiesen, und meine Verdienste,
worin sie auch bestehen mochten, schienen in Riley's
Augen nur meinen Marktpreis zu erhöhen. Ich sah
deutlich ein, daß ich mich auf ihn nicht verlassen könne,
und auf meine eigene Kraft trauen müsse.

Eines wurde mir zur Gewißheit, daß man einen
andern Versuch machen werde, mich zu verkaufen.
einmal hatte die Vorsehung geholfen, aber ich durfte
nicht erwarten, daß zum zweiten Male solch außer=
ordentliche Umstände sich wiederholen würden, und
ich mußte daher Alles, was in meinen Kräften stand,
versuchen, um mich und meine Familie sicher zu stellen
vor den Anschlägen Isaak und Amos Riley's gegen
mein Leben und meine natürlichen Rechte sowohl,
als gegen das Recht, das ich durch meinen Freikauf
auch unter den barbarischen Gesetzen der Sklaverei
mir erworben hatte. Hätte Isaak Riley an seinen
Verpflichtungen festgehalten, so würde ich auch die

meinigen eingehalten und ihm treulich Alles bezahlt
haben.   Sein Versuch jedoch, mich wieder zu betrügen,
nachdem er Dreiviertel meines Marktpreises von mir
erhalten, entband mich der Verpflichtung, ihm mehr
zu bezahlen oder in einer Stellung zu verharren, die
mich seinen Ränken aussetzte.

Zwölftes Kapitel.

Die Flucht.

Während der freundlichen und hoffnungsreichen
Tage, die ich auf meiner Predigtreise in Ohio
verlebte, wurde ich mit dem Pfade bekannt, den
die Flüchtlinge aus der Sklaverei gewöhnlich einschlu=
gen, und lernte zugleich auch eine Anzahl freundlich=
gesinnter Menschen kennen, die ihnen auf ihrem Wege
forthalfen. Von Canada hörte ich als von dem einzi=
gen Lande sprechen, das Sicherheit gegen alle Verfol=
gungen böte, und dieses gesegnete Land wurde jetzt die
Sehnsucht meines Herzens. Wohl lagen noch genug
Mühseligkeiten, Beschwerden und Verderben zwischen
mir und diesem Friedenshafen, um auch das tapferste
Herz zurückzuschrecken; aber das Feuer hinter mir war
zu heiß und glühend, um mich daran denken zu lassen.
Ich kannte den Nordstern! — Gott sei gedankt, daß Er
denselben an den Himmel setzte! Wenn ich ihm nur fol=
gen kann durch Wälder, Ströme und Felder, so wird er
mich auf den Weg der Hoffnung führen. Gleich dem
Stern zu Bethlehem betrachtete ich ihn als einen mir

von Gott gegebenen Führer zu jenem Lande, das in
weiter Ferne unter dem Strahle seines Lichtes lag. Ich
wußte, daß er schon viele meiner armen, gejagten Brü=
der zu Freiheit und Glück geführt hatte, und ich fühlte
Energie genug in meiner eigenen Brust, den Kampf mit
Entbehrungen und Gefahren auf mich zu nehmen.
Wäre ich ein freier, ungebundener Mann gewesen, der
noch nichts von den Banden eines Vaters und Eheman=
nes gewußt, der allein für sich selbst zu sorgen gehabt
hätte, so wären mir die Schwierigkeiten leicht erschienen
im Hinblick auf die reiche Hoffnung vor mir. Aber
ach! Ich hatte ein Weib und vier theure Kinder, wie
sollte ich sie versorgen? Verlassen konnte ich sie nicht;
selbst nicht für das gesegnete Gut der Freiheit. Sie
mußten auch gehen; sie mußten mit mir das Leben der
Freiheit theilen.

Lange, lange dachte ich über meinen Plan zur Erlan=
gung der Freiheit nach, und endlich gedieh auch ein
solcher in meinem Geiste zur Reife. Meine Frau war
außer sich vor Schrecken, als ich ihr denselben mit=
theilte. Sie hing mit dem Instinkte einer Frau an
Haus und Herd; sie wußte nichts von der weiten Welt
da draußen, die sie mit ungesehenen Gefahren bevöl=
kerte. „Wir werden in der Wildniß sterben," sagte sie,
„wir werden mit Bluthunden zu Tode gehetzt werden
oder man wird uns zurückbringen und uns zu Tode
peitschen." Mit Thränen und Bitten drang sie in
mich, doch auch zufrieden zu Hause zu bleiben. Es

war vergeblich, daß ich es ihr auseinandersetzte, wie
man uns in jedem Augenblick von einander reißen.
könne, daß ich ihr die kürzlich gesehenen Schrecken der
Sklaverei beschrieb und im Gegensatz dazu das Glück,
das wir mit einander genießen könnten in der Freiheit,
außer dem Bereiche der Verfolgung. Sie hatte die
Sklaverei nicht in der Bitterkeit gekostet wie ich und
sehnte sich daher nicht so sehr nach einem anderen Loose.
Sie war ein armes, ängstliches, zagendes Sklaven=
weib.

Ich suchte sie zu wiederholten Malen zu überzeugen,
bis ich einsah, daß Ueberzeugung allein nicht ausreichte.
Ich sagte ihr dann bedächtig, obwohl es für mich eine
schwere Versuchung sei, mich von ihr zu trennen, so
werde ich es doch lieber thun, als mich mit Gewalt von
ihr reißen und den Fluß hinunter verkaufen zu lassen,
um dort in einer der elenden Hütten ein elendes Dasein
zu fristen. Sie fuhr noch immer mit ihren Bitten und
Thränen fort, aber ich blieb bestimmt und sagte, daß ich
alle Kinder bis auf das Jüngste mit mir nehmen würde.
Am Morgen verließ ich sie ermattet und verwirrt, um
mich an meine Tagesarbeit zu begeben. Ich war noch
nicht weit gegangen, als ich ihre Stimme hörte, und
als ich zu ihr kam, theilte sie mir mit, daß sie mich be=
gleiten wolle. Das war eine Erlösung für mich!
Meine Freudenthränen flossen jetzt schneller, als vorhin
die ihres Kummers und ihrer Furcht. Unsere Hütte lag
um diese Zeit nahe dem Landungsplatze. Die Plan-

tage breitete sich fünf Meilen weit bis zum Flusse aus,
auf derselben gab es aber verschiedene Farmen, die ich
alle zu beaufsichtigen hatte, so daß ich stets von einer
zur anderen reiten mußte. Unser ältester Knabe befand
sich im Wohnhause bei dem jungen Amos, und die übri=
gen Kinder waren bei der Mutter. Die Hauptschwie=
rigkeit, die am meisten meinen Geist drückte, waren die
beiden jüngsten Kinder. Sie waren erst zwei und drei
Jahre alt und mußten getragen werden, was, da sie
beide gesund und dick waren, keine leichte Aufgabe war.
Meine Frau hatte mir schon erklärt, ich würde mit ihnen
zusammenbrechen, ehe wir fünf Meilen weit gekommen
seien. Ich ließ mir von ihr einen Knappseck aus Pack=
leinwand machen, groß genug für beide Kinder, und
übte mich dann jede Nacht, sie herum zu tragen und
auch die Kinder daran zu gewöhnen. Letzteren machte
es natürlich viel Spaß und ich fand zu meiner Freude,
daß ich sie ziemlich gut zu tragen vermochte. Am
Donnerstag Morgen hatte meine Frau ihre Einwilligung
gegeben; Samstag Nacht wollten wir aufbrechen. Der
Sonntag war ein Feiertag, am Montag und Dienstag
vermuthete man mich auf den entfernteren Farmen, und
so mußten einige Tage verstreichen, ehe man unsere
Abwesenheit bemerken konnte.

Die ereignißvolle Nacht nahte heran und Alles war
bereit; nur hatte ich noch meinen Herrn um Erlaubniß
zu bitten, den kleinen Tom auf einige Tage zu seiner
Mutter gehen zu lassen. Etwa um Sonnenuntergang

begab ich mich nach dem großen Hause, um über meine
Arbeit Bericht zu erstatten, und nachdem ich eine Zeit=
lang gesprochen, begab ich mich wie gewöhnlich nach
Hause. Doch als ob mir plötzlich was eingefallen sei,
wandte ich mich im Gehen wieder um und sagte so
leichthin: „O, Herr Amos, ich vergaß es ganz; aber
Tom's Mutter möchte ihn so gerne auf ein paar Tage
haben, um seine Kleider zu flicken und ihn ein wenig
herauszustaffiren. Wollten Sie ihn gehen lassen?"
„Ja, Junge, ja, er kann gehen." „Danke, Herr Amos,
gute Nacht, gute Nacht. Der Herr segne Sie!" Die
letzten Worte sprach ich mit mehr Nachdruck, als zu
thun in meiner Absicht gelegen hatte. Jetzt war Alles
soweit in Ordnung, und während ich so dahinschritt,
warf ich manch' zärtlichen Blick auf die bekannten
Gegenstände. So befremdend es auch klingen mag —
es mischte sich der Schmerz mit der Freude; aber es
kann kein Mensch irgend wo lange leben, ohne eine
gewisse Zuneigung zu seiner Umgebung zu fühlen. Es
war Mitte September in einer dunklen, finstern Nacht,
als uns einer meiner Mitsklaven über den Fluß setzte.
Wir saßen still wie der Tod. In der Mitte des Flusses
hielt der junge Bursche an: „Wenn das, was ich jetzt
thue, an's Licht kommt, so bin ich verloren; aber Si,
nicht wahr, du wirst nicht lebendig zurückgebracht wer=
den?" „Nicht, wenn ich es ändern kann," antwortete
ich, indem ich an meine Pistolen und mein Messer
dachte, welche Gegenstände ich erst kürzlich von einem

armen Weißen erhandelt hatte. „Und wenn du ein=
gefangen werden solltest, so wirst du doch nie ver=
rathen, welche Rolle ich bei deiner Befreiung gespielt?"
„Nein, und wenn sie mich durchschießen wie ein Sieb."
„Dann ist alles gut und Gott helfe dir." Gott
möge ihn belohnen! Er ist seitdem auch in meine Fuß=
stapfen getreten und im Lande der Freiheit haben wir
schon manchmal mit einander über jene dunkle Nacht
auf dem Flusse gesprochen.

Wir erreichten zur rechten Zeit das Ufer des Staates
Indiana. Ein herzliches, dankbares Lebewohl wurde
gesprochen, wie nur Genossen in gleicher Lage es zu
äußern vermögen, und dann hörte ich, wie er wieder
heimwärts ruderte. Ich aber stand noch lauschend in
der Dunkelheit, mein Weib und meine Kinder mir zur
Seite, die ungewisse Zukunft vor mir. Es blieb uns
jedoch nicht viel Zeit zum Nachdenken. Noch ehe der
Tag anbrach, mußten manche Meilen hinter uns liegen
und wir mußten sicher in den Wäldern geborgen sein.
Von den Bewohnern dieser Gegend durften wir keine
Hülfe erwarten, da sie sich gegen flüchtige Sklaven
äußerst feindlich bewiesen, — fielen wir in ihre Hände,
so war das Gefängniß unser sicheres Loos. Unsere
einzige Zuflucht war Gott und ich betete ernstlich zu
Ihm, während wir vorsichtig und verstohlen vorwärts
schlichen, so schnell es uns die Dunkelheit und die
schwachen Kräfte meiner Frau und der Kinder gestat=
teten. Zu meiner Frau mußte ich einige Male streng

reden. Sie zitterte wie Espenlaub und flehte mich selbst jetzt noch an, mit ihr und den Kindern zurückzukehren.

Vierzehn Tage lang drangen wir unaufhaltsam vorwärts, indem wir nur während der Nacht die Landstraße benützten und uns verbargen, so wie sich ein Wagen oder Reiter hören ließ; während des Tages lagen wir im Dickicht des Waldes. Unsere Lebensmittel gingen rasch zu Ende und noch zwei Tage, ehe wir Cincinnati erreichten, hatten wir nichts mehr. Die Kinder weinten die ganze Nacht vor Hunger und mein armes Weib überhäufte mich mit Vorwürfen, daß ich sie in ein solches Elend geführt habe. Gott allein weiß, wie wehe mir die Worte thaten! — Und ich bedurfte selbst so sehr des Trostes! Die Haut war mir durch das Tragen der Kinder an Schultern und Rücken wund gerieben, meine Glieder waren äußerst ermüdet und dazu peinigte mich fortwährend die Furcht vor Entdeckung. Oft in der Nacht erwachte ich von dem wilden Schlagen meines Herzens, und ich glaubte schon die Sklavenjäger mit ihren Hunden auf meiner Fährte zu haben. Wäre ich allein gewesen, so hätte ich den Hunger bis zur gänzlichen Erschöpfung ertragen wollen, ehe ich mich der Gefahr ausgesetzt hätte, in einem Hause um Nahrung anzusprechen. Etwas aber mußte jetzt geschehen, wir mußten es riskiren, bei Tageslicht auf der Landstraße entdeckt zu werden.

Das Beste, was wir thun konnten, war, unsern Weg

kühn zu verfolgen. Wir verließen daher unser Versteck und betraten die offene Landstraße, wandten uns aber, um jeden Verdacht einzuschläfern, anstatt dem Norden, dem Süden zu. Schon nach einer kurzen Strecke fanden wir ein Haus. Ein wüthender Hund fuhr aus demselben heraus auf mich zu, hinter ihm her sein Gebieter, der ihn zu beruhigen strebte, mir aber auf meine Anfrage, ob er mir etwas Nahrung verkaufen wolle, mürrisch erwiderte, daß er nichts für Neger habe. Im zweiten Hause erging es mir auch zuerst nicht besser. Der Mann antwortete mir in derselben Weise, aber die Frau, welche Zeugin unseres Gespräches gewesen war, sagte ihm: „Schäme dich, einem menschlichen Wesen so zu begegnen; wenn ein Hund hungrig wäre, wir würden ihm etwas zu essen geben. Zudem haben wir selbst Kinder, und wer weiß, ob sie nicht auch einmal die Hülfe eines Freundes nöthig haben werden." „Wenn du dich um Neger kümmern willst, so thue es," antwortete ihr Mann lachend, „ich thue es nicht." Die Frau nöthigte mich jetzt herein und brachte mir einen ganzen Teller voll Brod und gesalzenem Fisch. Ich band es in mein Taschentuch und legte ihr einen Vierteldollar hin, den sie mir aber zurückschob und außerdem noch eine ähnliche Portion Essen hinzufügte. Ich fühlte, wie die heißen Thränen meine Wangen herabrollten, und mit einem „Gott segne Sie" eilte ich schnell davon zu meinem halbverhungerten Weibe und Kindern.

Nach dem gesalzenen Fisch stellte sich aber nun bei den Kindern bald heftiger Durst ein und sie stöhnten und seufzten so sehr, daß ich heimlich durch die Büsche brach, um etwas Wasser zu suchen. Ich fand auch bald eine kleine Rinne, trank selbst einen langen Zug und füllte dann meinen Hut für die Kinder, der aber leider leckte. Jetzt zog ich beide Schuhe aus, die glück= licherweise heil waren, wusch sie im Wasser aus, füllte sie dann bis an den Rand und brachte sie so zu meiner Familie. Seitdem habe ich oft an luxuriös besetzten Tischen gegessen in Canada, den Vereinigten Staaten und England, aber ich habe nie Jemanden ein Getränk mit mehr Wonne und Genuß genießen sehen, als meine Kinder das Wasser aus ihres Vaters Schuhen tranken. An diesem Tage machten wir einen langen Marsch und erreichten zwei Tage nachher Cincinnati.

Dreizehntes Kapitel.

Reise nach Canada.

Ich fühlte mich jetzt verhältnißmäßig zu Hause. Ehe ich jedoch die Stadt betrat, verbarg ich Frau und Kinder in dem Walde und suchte zuerst meine Freunde allein auf. Dieselben empfingen mich herzlich und als es dunkel geworden war, wurden auch die Meinigen geholt und wir wurden auf's Gastfreundschaftlichste erquickt und aufgeheitert. Zwei Wochen unaufhörlicher Ermüdung, Angst, Regen und Kälte machten es uns unbeschreiblich süß, noch einmal wieder Bequemlichkeit, Ruhe und Obdach zu genießen.

Ich habe manches Mal harte und bittere Worte äußern hören gegen jene Männer, die sich verbunden hatten, den armen, verfolgten Flüchtlingen beizustehen, und aus Mitleid mit den Leiden ihrer Nebenmenschen sich freiwillig allem Haß und Spott und selbst der Gefangenschaft aussetzten. So gewiß es einen Gott im Himmel gibt, der Barmherzigkeit erzeigt denen, die barmherzig sind, so gewiß wird einst ihre Belohnung groß sein. An jenem großen Tage, an dem die

Menschheit im Gerichte vor der göttlichen Majestät
stehen wird, werden Tausende der Verworfenen und
Verlassenen dieser Erde sich um sie sammeln und wer=
den mit freudiger Stimme Zeugniß geben: „Wir sind
hungrig gewesen und ihr habt uns gespeiset, durstig
und ihr habt uns getränket, nackt und ihr habt uns
bekleidet, krank und ihr habt uns besucht." Und Er,
der erkläret hat: „Was ihr gethan habt einem meiner
geringsten Brüder, das habt ihr mir gethan," wird ihr
Zeugniß annehmen und wird sie begrüßen mit Seinem
Willkomm: „Kommet her, ihr Gesegneten meines
Vaters." Ihr Lob wird schon hienieden von den Dä=
chern verkündigt werden, und möge der Friede Gottes,
den die Welt nicht geben, aber auch nicht nehmen kann,
reichlich in ihren Herzen wohnen!

Unter solche gute Samariter, von denen der Herr
sagt: „Gehet hin und thuet desgleichen," hatte uns
jetzt die gnädige Vorsehung Gottes geführt. Sie ver=
sorgten uns mit Allem, bis unsere Kräfte wieder her=
gestellt waren, und dann brachten sie uns dreißig Meilen
weit in ihrem eigenen Gefährt.

Wir reisten wieder in derselben Weise wie zuvor —
wandernd bei Nacht und ruhend bei Tage — bis wir
den Scioto erreichten, wo wir, wie man gesagt hatte,
die Militärstraße des Generals Hull einschlagen sollten,
die während des letzten Krieges mit Großbritannien
gemacht worden war. Wir erkannten auch die Straße
sofort an der großen Sycamore und den Ulmenbäumen,

welche am Eingange derselben standen. Den nächsten
Morgen setzten wir mit erneuerter Kraft unsere Reise
fort und auch bei Tage. Es hatte uns aber Niemand
gesagt, daß diese Straße eine Wildniß durchschneide,
und wir hatten uns nur spärlich mit Proviant versorgt,
da wir geglaubt hatten, bald menschliche Wohnungen
anzutreffen. Wir wanderten aber den ganzen Tag,
ohne eine solche zu finden, und am Abend legten wir
uns müde und hungrig nieder. Die Wölfe heulten
rings um uns her, und wenn sie auch zu feige waren,
sich uns zu nähern, so erschreckten sie doch die Kinder
und meine Frau. Am Morgen hatten wir nur noch
ein wenig getrocknetes Rindfleisch, das ich unter uns
vertheilte. Es stillte den Hunger nicht, sondern rief
nur einen heftigen Durst hervor. So traten wir un=
sern zweiten Tagemarsch in der Wildniß an. Es war
ein trauriger Tag für uns. Der Weg war rauh, das
Gestrüpp zerriß unsere Kleider und erlahmte unsere
Kräfte; Bäume, vom Winde niedergeworfen, versperr=
ten uns den Weg; dazu waren wir fast ohnmächtig vor
Hunger und keine Aussicht auf Erlösung wollte sich uns
eröffnen. Wir sprachen wenig und verfolgten unsern
Weg so gut wir vermochten, ich mit meinem Jüngsten
auf dem Rücken, meine Frau den beiden älteren Kin=
dern forthelfend über die Baumstämme und durch die
Schlingpflanzen. Plötzlich, als ich so langsam meiner
Frau und den Knaben voranmarschirte, hörte ich mich
rufen, und mich umsehend, sah ich meine Frau ohn=

mächtig auf dem Boden liegen. „Mutter stirbt!"
schrie Tom, und es wirklich schien auch so zu sein. Sie
war aus purer Ermattung umgesunken, als sie gerade
im Begriff gewesen war, einen gewaltigen Klotz zu um=
schreiten. Außer mir vor Angst, glaubte ich, sie sei
todt, denn für einige Minuten gab sie kein Lebenszeichen
von sich. Nach einer Weile jedoch öffnete sie ihre
Augen und nachdem sie einige Mund voll Fleisch ge=
nossen, war sie wieder kräftig genug, ihren Weg fort=
zusetzen. Ich suchte nun die kleine Gruppe aufzuhei=
tern durch Hoffnungen, die ich selber nicht theilte. Zum
ersten Male kam ich beinahe der Verzweiflung nahe.
Hungertod in der Wildniß war das Schreckgespenst, das
uns in's Gesicht starrte. Aber wiederum sollte es sich
an uns beweisen: „Wenn die Noth am größten, ist
Gottes Hülfe am nächsten." Wir waren noch nicht
weit gegangen und es mochte etwa um drei Uhr des
Nachmittags sein, als wir in nicht zu großer Entfer=
nung einige Personen bemerkten, die uns entgegen
kamen. Wir waren sogleich auf unserer Hut, da wir
nicht erwarten konnten, daß es Freunde sein würden,
und schon nach wenigen Schritten erkannten wir in
ihnen Indianer, welche schwer beladen waren. Waren
sie uns feindlich gesinnt, so wäre es jetzt zum Entfliehen
schon zu spät gewesen, und wir gingen daher kühn
voran. Sie hatten uns noch nicht gesehen, da sie von
ihren Lasten zu sehr niedergebeugt waren; als wir aber
jetzt plötzlich vor ihnen standen, sahen sie uns einen

Augenblick furchtsam und erschrocken an, stießen dann
ein eigenthümliches Geheul aus und liefen so schnell
davon, als ihre Füße sie zu tragen vermochten. Sie
waren zu dreien oder vieren gewesen und vor was sie
sich eigentlich fürchteten, vermag ich nicht zu sagen.
Ihr Geheul dauerte aber noch eine geraume Zeit lang
fort und meine Frau war so erschrocken, daß sie um=
zukehren wünschte; sie meinte, daß diese Männer gewiß
noch eine größere Anzahl ihrer Genossen herbeiholen
und uns dann ermorden würden. Ich sagte ihr aber,
daß, wenn sie uns ermorden wollten, so hätten sie das
allein thun können, und was das Umkehren anbeträfe,
so hätten wir doch eine zu weite Strecke des Weges
bereits hinter uns, und es wäre lächerlich, wenn beide
Partheien fortlaufen würden. So gingen wir denn
vorwärts und das Geheul hörte bald auf. Als wir
näher kamen, sahen wir überall Indianer hinter den
Bäumen hervorlugen, doch schnell wie der Blitz zogen
sie sich zurück, sowie wir ihrem Blick begegneten. Bald
erreichten wir ihre Wigwams, und hier stand ein schöner,
stattlicher Indianer, den wir sofort als den Häuptling
erkannten. Er begrüßte uns höflich, und nachdem er
sich überzeugt hatte, daß wir wirklich menschliche Wesen
seien, suchte er auch die jungen Leute herein zu nöthigen
und ihnen ihre Furcht zu benehmen. Die Neugierde
trug dann auch den Sieg davon. Vorsichtig kamen sie
näher und versuchten unsere Kinder anzutasten, die
durch das lange Leben in den Wäldern so scheu wie

Zugvögel geworden waren. Wenn nun diese zurück=
wichen und dabei einen leisen Schrei ausstießen, dann
sprangen auch die Indianer entsetzt zurück und glaubten,
daß die Kinder sie beißen wollten. Man verstand uns
jedoch bald, wohin wir gingen und was wir bedurften,
und versorgte uns reichlich mit Allem, gab uns zu essen
und zu trinken und endlich ein gutes Wigwam, um über
Nacht darin auszuruhen. Am nächsten Tage traten
wir gestärkt unsern Marsch wieder an, nachdem wir
von den Indianern erfahren hatten, daß wir nur noch
25 Meilen vom See entfernt seien. Sie gaben uns
einige junge Leute als Begleiter mit, die uns die Stelle
zeigten, wo wir abzudrehen hatten, und dann mit der
größten Freundlichkeit Abschied von uns nahmen. Als
wir den an den Erie See grenzenden Theil Ohio's
durchwanderten, der eine große, weite Ebene bildet,
gelangten wir an eine vom Fluß überschwemmte Stelle.
Ich suchte zunächst eine Furth zu bilden durch einen
großen, starken Pfahl und trug dann meine ganze Fa=
milie, eins nach dem andern, hinüber. Um diese Zeit
war aber die Haut von meinen Schultern und meinem
Rücken buchstäblich herabgeschunden.

Wir verbrachten jetzt noch eine Nacht in den Wäl=
dern und kamen am nächsten Vormittag auf jene weite,
baumlose Ebene, die im Süden und Westen von Sandusky City liegt. Eine Meile vom See entfernt verbarg ich meine Familie in dem Gebüsch und schritt dann
allein vorwärts. Meine Aufmerksamkeit wurde auf ein

Haus gerichtet, von dem aus eine Anzahl Leute nach einem nahe liegenden Küstenschiff geschäftig hin und her liefen. Kaum erblickte mich der Kapitän des Fahrzeugs, als er ausrief: „Halloh, Bursche, wünschest du Arbeit? Ich gebe dir einen Schilling die Stunde, denn mit dem ersten Winde müssen wir segeln." Als ich jedoch näher kam, bemerkte er: „Ach, du kannst ja nicht arbeiten, du bist ein Krüppel." „Kann ich nicht?" erwiderte ich, ergriff schnell einen der schweren Kornsäcke und folgte den andern, um ihn in den Lagerraum des Schiffes zu bringen. Ich befand mich gerade neben einem Farbigen und war bald mit ihm in einer Unterhaltung begriffen. „Wie weit ist es nach Canada?" Er warf einen ganz eigenthümlichen Blick auf mich und ich erkannte sofort, daß er Alles wisse. „Nach Canada möchtest du gehen? Dann kannst du mit uns kommen, wir gehen nach Buffalo." „Wie weit ist denn Buffalo von Canada entfernt?" „Weißt du das nicht? Es liegt gerade an der andern Seite des Flusses." Ich theilte ihm jetzt Alles mit und erzählte ihm auch von meiner Frau und Kindern. Er sagte mir, daß er mit dem Kapitän sprechen wolle, und kam auch bald mit demselben zurück. Der Kapitän fragte mich dann noch einmal, ob ich nach Canada gehen wolle, und als ich es bejahte, bot er mir freundlich an, mit ihm zu reisen. „Der schwarze Doktor sagte mir, du habest Familie?" „Ja, mein Herr." „Wo befindet sie sich?" „Etwa eine Meile von hier." „Wie

lange bist du schon hier?" „Erst eben angekommen,"
war meine zögernde Antwort. „Komm, mein guter
Bursche, erzähle mir Alles, du bist fortgelaufen, nicht
wahr?" Ich erkannte jetzt, daß er es freundlich mit
mir meine, und öffnete ihm mein ganzes Herz. „Wie
lange Zeit wird es dich nehmen, deine Familie zu
bringen?" fragte er wieder. „In einer halben Stunde
kann ich zurück sein." „Gut, geh denn und hole sie."
Schnell rannte ich davon, doch ehe ich fünfzig Schritt
weit gelaufen war, rief er mich zurück. „Nein," sagte
er, „bleibe und fahre in deiner Arbeit fort. Wenn wir
absegeln, schicke ich ein Boot an's Ufer gerade jener
Insel gegenüber. Es gibt hier zu viele Sklavenfänger
und man möchte Verdacht schöpfen, wenn du mit deiner
ganzen Gesellschaft zurückkehrst." Ich strengte meine
ganze Kraft an, um in meiner Arbeit fortzufahren,
bald war aber das Getreide an Bord gebracht, die
Luken wurden geschlossen, die Anker gelichtet und die
Segel aufgezogen.

Mit der größten Spannung beobachtete ich das
Schiff, als es seinen Ankerplatz verließ und von dem
frischen Wind davongeführt wurde. Fast schien es,
als sei es schon über jenen Punkt hinaus, den mir der
Kapitän angedeutet, und noch immer hielt es in seinem
Lauf nicht inne. Meine Hoffnung sank — so nahe der
Erlösung und doch wieder getäuscht! Ich kam zu dem
Schluß, daß sie nur Spott mit meinem Elend getrieben
haben. Die Sonne neigte sich zum Untergange, der

Purpur und das Gold am westlichen Abendhimmel
verwandelte sich in ein trübes Grau — da plötzlich,
als ich das Alles mit einem müden Herzen beobachtete,
machte das Schiff eine Wendung gegen den Wind, die
Segel schlugen zusammen und das Fahrzeug stand
bewegungslos. Noch einen Augenblick, und ein Boot
wurde herab gelassen, das mit kräftigem Ruderschlag
sich der Küste näherte und in zehn Minuten die kleine
Bucht erreichte. — Meine Stunde der Errettung hatte
geschlagen.

Mein schwarzer Freund und zwei Matrosen sprangen
aus dem Schiff heraus und wir begaben uns sofort
zu meiner Frau und den Kindern. Zu meinem Schrecken hatten sie sich von dem Platz entfernt, wo ich sie
zurückgelassen, und ich war fast außer mir vor Angst,
daß man sie gefunden und fortgeführt haben möchte.
Meine Kameraden sagten mir, daß wir keine Zeit zu
verlieren hätten und ich allein gehen müsse. Da, im
Augenblick der höchsten Verzweiflung, stolperte ich über
eins meiner Kinder. Meine Frau war ängstlich geworden über mein langes Ausbleiben und hatte gefürch-
tet, daß man mich aufgefangen haben möchte, und als
sie meine Stimme und die meiner Begleiter hörte,
verbarg sie sich in der äußersten Furcht, da sie nicht
anders dachte, als daß man mit mir zurückkomme, damit
ich ihnen meine Familie verrathe. Ich vermochte
kaum, sie zu beruhigen. Unser fortwährendes Verbergen bei der Annäherung von Menschen, unsere be-

ständige Furcht und Angst hatte sie mißtrauisch gegen jeden Menschen gemacht. Auch jetzt noch befand sie sich fast außer sich vor Schmerz und Furcht, aber die Freundlichkeit meiner Gefährten trug viel dazu bei, sie endlich zum Folgen zu bewegen.

Wir eilten jetzt sogleich zum Boot. Die Matrosen strengten ihre ganze Kraft an und ruderten sicher und schnell dem Schiffe zu, wobei eine an den Mast gehängte Laterne ihnen als Leitstern diente. Ein herzliches „Willkommen" rief man uns vom Schiffe aus entgegen, und nie werde ich den Ausruf des Kapitäns (er war ein Schotte) vergessen: „Komm herauf auf's Deck, schlage deine Flügel und krähe wie ein Hahn; du bist jetzt so gewiß ein freier Neger, wie du ein lebender Mensch bist." Das Schiff drehte sich wieder, der Wind schwellte die Segel und das Wasser schlug zischend an den Seiten empor. Menschen und Natur hatten zu unserer Rettung beigetragen; aber es war Gott, der die Liebe in die Herzen gegeben und die Winde zu seinen Dienern machte. Mein Glück war so groß, daß es mir fast körperliche Schmerzen verursachte. In meinem überreizten Nervenzustand wurden meine Gefühle ganz überwältigt durch den plötzlichen Wechsel von Verlassenheit und Gefahr zu so großer Liebe und Sicherheit, und ich weinte wie ein Kind.

Am nächsten Abend erreichten wir Buffalo, aber es war schon zu spät, noch über den Fluß zu setzen. Am andern Morgen fragte mich der Kapitän: „Siehst du jene Bäume am jenseitigen Ufer? Sie wachsen auf freiem Boden, und sobald du deine Füße an jenes Ufer gesetzt hast, bist du ein freier Mann. Ich bin arm und kann dir nichts geben; ich fahre auf dem Schiffe gegen Lohn; aber ich möchte dich gerne hinüber fahren lassen. Höre, Green," wandte er sich darauf an einen Fährmann, „was willst du dafür haben, um diesen Mann und seine Familie über den Fluß zu setzen? Er hat kein Geld." „Drei Schillinge, Herr." Der Kapitän gab mir einen Dollar, und nie werde ich die Weise vergessen, auf welche er es that. Er legte seine Hand auf mein Haupt und sagte: „Nicht wahr, du willst ein guter Bursche bleiben?" Es war mir, als ob elektrische Ströme durch meinen Körper liefen. „Ja," antwortete ich, „ich will meine Freiheit gut benützen; ich will meine Seele dem Herrn geben." Er schwenkte noch lange seinen Hut, als wir hinüber ruderten an's andere Ufer. Gott segne ihn! Er segne ihn in alle Ewigkeit! Amen.

Es war am 28. Oktober 1830 früh am Morgen, als meine Füße zuerst das canadische Ufer betraten. Ich warf mich auf den Boden, rollte mich im Sand, ergriff Hände voll davon und küßte ihn, tanzte umher, bis mich die Umstehenden für verrückt hielten. „Er ist nicht recht gescheut," sagte ein Oberst Warren, der sich gerade dort befand. „O nein, Herr! Wissen Sie es nicht? Ich bin frei!" Er brach in ein herzliches

Gelächter aus. „Nun, das habe ich noch nicht ge=
wußt, daß die Freiheit die Leute dazu treibt, sich im
Sand umher zu rollen," meinte er.   Ich konnte mich
aber dennoch nicht beherrschen; ich umarmte und küßte
meine Frau und die Kinder, und fuhr in dieser Weise
fort, bis die erste große Aufregung vorüber war.

Vierzehntes Kapitel.

Neue Scenen und eine neue Heimath.

Ich durfte nicht viel Zeit verlieren, selbst nicht in so fröhlichen Augenblicken, wie die gegenwärtigen. Ich war ein Fremder in einem fremden Lande, und meine erste Beschäftigung mußte darin bestehen, eine Zuflucht und eine Einkunftsquelle für uns zu ermitteln. Ich fand einen Ruheplatz für die Nacht und am nächsten Morgen ging ich sogleich daran, das Innere der Stadt zu durchforschen, um Mittel zu unserem Unterhalt zu finden. Ich kannte weder Land noch Leute; aber ich hielt Auge und Ohr offen und stellte solche Fragen, wie gerade die Umstände geboten. Im Laufe des Tages hörte ich denn auch von einem Herrn Hibbardt, der nach damaligen Begriffen für einen reichen Mann gehalten wurde. Er wohnte etwa 6 bis 7 Meilen von der Stadt entfernt und besaß eine Farm mit mehreren kleineren Pächtereien darauf, die er gewöhnlich an seine Arbeiter vermiethete. Ich begab mich sofort zu ihm, obgleich er in keinem durchaus guten Rufe zu stehen schien. Ich dachte jedoch, daß er wahrscheinlich

8

nicht schlechter sein würde, als Diejenigen, mit denen
ich zu thun gehabt, und daß ich wohl mit ihm auskom=
men würde, wenn ehrliche und treue Arbeit ihn befrie=
bigen könnte. Ich sprach mit ihm am Nachmittage
und wir wurden bald des Handels einig. Als ich ihn
frug, ob er kein Haus für mich habe, darin zu wohnen,
zeigte er mir ein altes zweistöckiges Gebäude, in dessen
untere Räume die Schweine eingebrochen waren und
für einige Zeit ihr Quartier daselbst aufgeschlagen
hatten. Es war jedoch ein Haus, und ich trieb sogleich
die Schweine fort und begann eine Reinigung für eine
bessere Sorte von Bewohnern. Mit der Hülfe von
Hacke, Schaufel, heißem und kaltem Wasser brachte ich
den Boden in einen erträglichen Zustand bis gegen
Mitternacht, und erst dann ruhte ich aus von meiner
Arbeit. Am nächsten Tage holte ich die übrigen Hen=
son's (das einzige Mobiliar, das ich besaß), und ob=
gleich sie nichts sahen als die nackten Wände und den
nackten Fußboden, so waren sie doch alle sehr erfreut,
und mein Weib lachte und gestand, daß diese Wohnung
besser sei, als eine Bretterhütte mit einem Erdfußboden.
Von Hibbardt erbat ich mir einiges Stroh, umfaßte
dasselbe mit Brettern in den Ecken des Gemaches und
machte auf diese Weise drei Fuß dicke Betten, auf denen
wir nach unserer langen Ermüdung wie Könige schlie=
fen. Es erwartete meiner jedoch noch eine schwere
Prüfung, an die ich kaum gedacht hatte. In Folge
der großen Anstrengungen erkrankten meine Frau und

meine Kinder und nicht ohne die größte Lebensgefahr
kamen sie über die Krankheit hinweg.

Mein Beschäftiger fand bald aus, daß meine Arbeit
für ihn von größerem Nutzen war, als diejenige seiner
anderen Arbeiter; und da ich natürlich aus diesem
Grunde seine Gunst erlangte und seine Frau die mei-
nige außerordentlich gern hatte, so gelangten wir bald
in den Besitz einiger Bequemlichkeiten, während die
Hauptbedingungen zum Leben, Nahrung und Feuerung,
in Fülle vorhanden waren. Drei Jahre verblieb ich
bei Hibbardt und arbeitete bald um Lohn, bald um
einen Antheil an den Erzeugnissen der Farm, und es
gelang mir, während dieser Zeit einige Schweine, eine
Kuh und ein Pferd anzuschaffen. Meine Lage verbesserte sich allmählig und ich fühlte, daß meine Anstrengungen und meine Opfer, die ich für die Erlangung
der Freiheit gebracht, nicht vergeblich gewesen waren.
Aber auch die Bemühungen, mich selbst und andere in
geistiger Hinsicht zu veredeln, blieben nicht ohne Erfolg.
Es kam zufällig ein früherer Freund aus Maryland in
unsere Nähe und als er von meinem Hiersein hörte,
fragte er mich, ob ich auch jetzt noch predige und den
Ruf behalte, den ich einst für meine Gaben auf der
Kanzel erlangt habe. Ich hatte aber gar nicht davon
gesprochen und auch gar nicht beabsichtigt, etwas davon
zu sagen, daß ich früher in dieser Weise beschäftigt gewesen sei. Ich war mit Anderen in die Versammlungen gegangen, wenn solche stattfanden, und wenn nicht,

so erfreute ich mich der Ruhe des Sabbathtages daheim.
Nachdem ich jedoch aufgefordert wurde, das mir von
Gott gegebene Pfund wieder zu gebrauchen, konnte ich
mich nicht weigern, sondern predigte seit dieser Zeit sehr
viel in meiner Umgebung, zu Weißen sowohl als zu
Schwarzen, zu den verhältnißmäßig Gebildeten wie zu
den beklagenswerth Unwissenden, und suchte ihnen ihre
Pflichten, ihre Verantwortlichkeit und die Ewigkeit,
ihre Verbindlichkeiten und ihren Schöpfer vorzustellen.

Ich gestehe, daß es Vielen befremdlich erscheinen muß,
wie ein Mann, so unwissend wie ich war, unfähig zum
Lesen, und der noch dazu so wenig in religiösen Dingen
erfahren hatte, zu Menschen predigen konnte, die so viel
größere Vortheile genossen hatten als er selber. Ich
kann es nur erklären durch das Gleichniß des Herrn,
wo er das Himmelreich vergleicht mit einem Senfkorn,
aus dem doch ein Baum entspringt so groß, daß die
Vögel des Himmels kommen und unter demselben woh=
nen können. Die Religion besteht nicht so sehr im
Wissen als in Weisheit und in der treuen Benutzung der
empfangenen Gnade, wodurch sich wahre Christen un=
terscheiden von denen, welche „Herr, Herr!" rufen, aber
nicht den Willen thun unseres Vaters im Himmel.

Herr Hibbardt ließ meinen ältesten Sohn Tom sechs
Monate im Jahre zur Schule gehen, welche Zeit der
Schullehrer aus eigener Güte noch verlängerte, so daß
der Knabe bald im Stande war, fließend und gut zu
lesen. Es war dies nicht nur für ihn ein großer Vor=

theil, sondern auch für mich, da er mir jetzt aus der Bibel vorlesen konnte, besonders Sonntags Morgens, wo ich zu predigen hatte, und es wurde mir leicht, einige Bibelverse durch das Anhören meinem Gedächtnisse einzuprägen.

An einem schönen Sonntagmorgen, als ich besonders früh aufgestanden, rief ich meinen Knaben und bat ihn, mir vorzulesen. „Wo soll ich lesen, Vater?" „Ganz einerlei, mein Sohn," antwortete ich ihm, denn ich wußte ihm in der That nichts anzugeben. Er öffnete die Bibel und las den 103. Psalm: „Lobe den Herrn, meine Seele, und was in mir ist, seinen heiligen Namen," und während er so den tiefsten Erguß der Dankbarkeit des Psalmisten vorlas, wurde mein Herz auf das Tiefste bewegt. Mein ganzes vergangenes Leben kam mir in's Gedächtniß zurück, und als ich aller Gefahren und Leiden gedachte, aus denen mich der Herr errettet und meinen gegenwärtigen Zustand mit dem früherer Jahre verglich, floß nicht nur mein Herz, sondern auch meine Augen über und ich konnte die Bewegung nicht bemeistern, die sich meiner bemächtigte. Die Worte „Lobe den Herrn, meine Seele!" mit denen der Psalm beginnt und endet, drückten die Fülle meines dankbaren Herzens aus. Als Tom geendet hatte, fragte er mich: „Vater, wer ist David?" und als er meine Rührung bemerkte, fügte er hinzu: „Nicht wahr, der Psalmist schreibt schön?" und dann wiederholte er seine erste Frage. Es war mir jedoch unmöglich, darauf zu antworten. Ich hatte noch nie von David gehört, mochte aber meine Unwissenheit meinem eigenen Kinde nicht eingestehen, und so antwortete ich ausweichend: „Er war ein Mann Gottes, mein Kind." „Ja, das glaube ich auch," antwortete der Kleine, „aber ich möchte gerne wissen, wo er lebte und was er that." Ich merkte wohl, daß ich seinen Fragen nicht würde ausweichen können, und antwortete frei, daß ich es nicht wisse. „Wie kommt denn das, Vater, kannst du denn nicht lesen?" Das war noch eine schlimmere Frage als die vorhergehende, und wenn in meinem Herzen noch irgend welcher Stolz verborgen lag, so wurde er in diesem Augenblicke schnell darnieder geschlagen. Es war jedoch eine zu direkte Frage, um unbeantwortet bleiben zu können, und ich sagte ihm also, daß ich nicht lesen könne. „Wie kommt denn das, Vater?" „Weil ich nie eine Gelegenheit zum Lernen hatte und auch Niemand fand, der mich hätte unterrichten können." „Aber dann kannst du ja jetzt noch lernen, lieber Vater." „Nein, mein Sohn, ich bin jetzt zu alt und habe den ganzen Tag zu arbeiten, wenn ich nicht schaffen würde, so hättet ihr nichts zu essen." „Aber könntest du nicht des Abends lernen?" „Und wenn nun auch das möglich wäre, mein Sohn, so hätte ich noch Niemand, der mich unterrichten würde, Geld kann ich dafür nicht ausgeben, und umsonst wird es Niemand thun." „Aber, Vater, könnte ich dich nicht unterrichten? Ich kann es gewiß thun und du würdest dann so viel mehr lernen und viel beffer predigen können.“ Ich kann Niemandem die widerstreitenden Empfindungen meines Herzens beschreiben bei einem solchen Vorschlage von solcher Seite. Ich freute mich innig, daß meine Kinder Vortheile genießen durften, deren ich mich selber nie erfreut hatte, aber es war für mich keine geringe Demüthigung, mich von meinem eigenen Kinde unterrichten laffen zu sollen; dennoch siegte der Wunsch, etwas zu lernen und dadurch meinen Geist zu veredeln, über die Scham, und ich willigte in seinen Vorschlag ein, wenn auch erst nach längerem Zögern.

Ich war durch die Unterhaltung mit meinem Tom so gerührt worden, daß es mir an dem Tage unmöglich war, zu predigen, und ich daher den ganzen Tag mit einsamen Betrachtungen im Walde verbrachte. Ja, so sehr war mein Kopf von allen meinen Gedanken eingenommen, daß ich auch zum Mittagsessen nicht nach Hause zurückkehrte, sondern durch Gebet und ernstliche Betrachtungen mein inneres Gleichgewicht wieder herzustellen suchte. Ich sah auf das Deutlichste ein, daß ich mich in einem Zustande gänzlicher Unwissenheit befand und daß ich jede Gelegenheit benützen sollte, um meinen Geist zu erleuchten. Ich begann daher sogleich, Unterricht bei Tom zu nehmen, und wir setzten ihn jeden Abend fort bei dem trüben Lichte eines Fichtenastes oder der Rinde eines Wallnußbaumes, da ich für eine andere Beleuchtung kein Geld auszugeben hatte. Woche nach Woche verging und meine Fortschritte waren so

gering, daß der arme Tom manchmal ganz entmuthigt
war. Ich fürchtete endlich, daß mein Alter (ich war
beinahe fünfzig Jahre), mein Mangel an jeder lite=
rarischen Uebung, das trübe Licht u. s. w. Gründe
genug sein würden, den Versuch des Lesenlernens auf=
zugeben. Tom's Ausdauer und die meine siegten jedoch
zuletzt, und im Laufe des Winters lernte ich wirklich
ein wenig lesen. Dies war und ist mir seitdem immer
ein großer Trost gewesen, obgleich ich dadurch den tie=
fen Abgrund der Unwissenheit, in dem ich während
meines früheren Lebens mich befand, besser erkennen,
und jene Unterdrückung, unter der ich mein Leben hatte
zubringen müssen, tiefer fühlen lernte. Um so mehr
aber war ich jetzt darauf bedacht, etwas für die Befrei=
ung und Erziehung derjenigen zu thun, die unter dem=
selben Schicksal litten, das ich einst zu ertragen hatte,
und die doch selber nicht wußten, wie entartet und un=
wissend sie waren.

Fünfzehntes Kapitel.

Mein Leben in Canada.

Nach drei Jahren verbesserte ich meine Stellung, indem ich in die Dienste eines Herrn Namens Riseley trat, der von sehr guter Erziehung und in jeder Hinsicht ein Mann von nicht gewöhnlichen Fähigkeiten war. Bei ihm begann ich mehr und mehr darüber nachzudenken, auf welche Weise sich der Zustand der Schwarzen verbessern ließe, die sich jetzt schon in ziemlicher Anzahl in dieser Gegend befanden. Ich war nicht der Einzige, der den Sklavenstaaten entflohen war und sich auf dem ersten besten Fleckchen Erde, das Freiheit und Sicherheit bot, niedergelassen hatte. Mehrere Hunderte solcher Sklaven befanden sich schon in unserer Nachbarschaft, und in der ersten Freude über ihre Befreiung lebten sie in einer Weise, die, wie ich deutlich sehen konnte, zu keinem Fortschritt oder einer wirklichen Verbesserung führen konnte. Sie waren zufrieden, wenn sie den Lohn ihrer Arbeit für sich selbst behalten konnten, dachten aber nicht daran, einmal unabhängige Besitzer eigenen Grundes und Bodens zu werden. Ich

machte es mir bald zu einer Hauptaufgabe, unter ihnen
ein Interesse für alle die Vortheile zu erwecken, die
in ihrem Bereiche lagen, und Herr Riseley, der die Gerechtigkeit meiner Ansicht völlig anerkannte, und willig
war, mit mir vereint zu wirken, erlaubte mir in seinem
Hause Zusammenkünfte zu halten mit zehn oder zwölf
anderen Negern, welche als die intelligentesten und
tüchtigsten ihrer Klasse bekannt waren. In diesen Versammlungen betrachteten und besprachen wir den wichti-
gen Gegenstand nach allen Seiten, bis wir endlich alle
e i n e r Meinung waren und dahin überein kamen, daß
wir unsere Ersparnisse zu dem Ankauf von uncultivir-
tem Lande anwenden wollten, das uns dann selbst
gehören, und wo jeder Baum, den wir fällten, jedes
Bushel Getreide, das wir ernteten, unser eigen sein,
wo mit einem Worte der ganze Gewinn, den wir durch
unsere Arbeit erzielten, uns auch selbst verbleiben
würde. Das war allerdings keine leichte, aber eine
vielversprechende Aufgabe.

Die dazu nöthige Energie und Selbstverleugnung,
welche die anglosächsische Rasse zwei Jahrhunderte lang
ausgezeichnet hatte, suchte ich meinen Volksgenossen
einzupflanzen, sah aber bald, welchen großen Unter-
schied einerseits die hundertjährige Freiheit, anderer-
seits die hundertjährige Sklaverei hervorgerufen hatte.
Meine Gefährten stimmten Alle mit mir überein, und
wir waren entschlossen, unter all den zum Verkauf
ausgebotenen Ländern eines für uns zu erwählen, wo

wir uns niederlassen, unsere eigenen Ernten ziehen,
unser eigenes Brot essen und überhaupt unsere eigenen
Herrn sein könnten. Man bestimmte mich dazu, das
Land zu untersuchen und einen Platz ausfindig zu
machen, wo ich selbst mich gerne ansiedeln würde, und
alle versprachen, mir zu folgen, sobald ich einen solchen
gefunden. Ich begab mich also zu diesem Zwecke im
Jahre 1834 auf die Reise und durchwanderte zu Fuß
das ausgedehnte Gebiet zwischen dem Ontario=, Erie=,
und Huron=See. Als ich in die Gegend des St.
Clair=Sees und des Detroit=Flusses kam, wurde ich
ganz überrascht durch die Fruchtbarkeit und Ueppigkeit
des Landes; ich entschloß mich sogleich, daß wir hier
wohnen wollten, und berichtete demgemäß bei meiner
Rückkehr meinen Kameraden. Sie waren jedoch sehr
vorsichtig und schickten mich den nächsten Sommer
wieder dahin, damit ich das Land auch zu einer an=
deren Jahreszeit sähe und besser darüber urtheilen
könne. Ich fand jedoch durchaus keine Ursache, meine
Meinung zu ändern. Als ich mich ein wenig weiter
dem südlichen Theil des Erie=Sees näherte, entdeckte
ich eine ausgedehnte Landstrecke, welche die Regierung
einem Herrn McCormick unter gewissen Bedingungen
überlassen hatte, und die dieser wieder gegen die best=
möglichste Bezahlung an Ansiedler verpachtete. Da die=
ses Land schon abgerodet war, bot es uns den Vortheil,
sogleich mit der Bebauung zu beginnen, was wir, da
unsere Mittel beschränkt waren, nicht übersehen durf=

ten. Wir entschlossen uns also, zuerst dorthin zu
gehen, und erst später, wenn wir unser Vermögen
verbessert haben würden, uns an irgend einem anderen
Platze niederzulassen. Wir begaben uns also, etwa
zwölf an der Zahl, im nächsten Frühjahr nach jenen
Landstrecken und waren auch bald im Stande, durch
die reichen Weizen= und Tabakernten uns einiges zu
erübrigen. Ich bemerkte sehr bald, daß McCormick
durchaus nicht seine Bedingungen gegen die Regierung
einhielt und daher auch nicht berechtigt war, von den
Ansiedlern einen Zins zu erlangen. Ein Herr, Namens
Cockburn, rieth mir, mich an die Regierung zu wenden,
und obwohl McCormick im Stande war, sich mit Hülfe
seiner Freunde ein Jahr lang zu vertheidigen, so ge=
wannen wir den Prozeß doch im nächsten Jahre und
wurden von allen Abgaben befreit. Dennoch war das
Land nicht unser Eigenthum, und die Regierung, ob=
wohl sie keine Abgaben verlangte, hatte doch das Recht,
zu jeder Zeit dieses Landgebiet zu verkaufen, und wir
würden dann wahrscheinlich verdrängt werden durch
reichere Ankäufer und würden nichts behalten von allen
unseren Verbesserungen und kein Plätzchen haben, wo=
hin wir uns zurückziehen könnten. Es war daher
augenscheinlich besser, selbst anzukaufen, ehe Mitbewer=
ber auftraten, und wir behielten das auch im Auge
während der ganzen Zeit unseres Dortseins. Etwa
sechs bis sieben Jahre verblieben wir hier, und während
dieser Zeit wuchs die Bevölkerung von Schwarzen rund

um uns her mit großer Schnelligkeit und breitete sich
noch weiter über die inneren Ansiedlungen und die be=
nachbarten Städte aus. Viele der Neger kamen aus
den Vereinigten Staaten und einige mit meiner Hülfe
und durch meine Verwendung. Ich glaube, es dürfte
meinen Lesern nicht uninteressant sein, wenn ich einen
kurzen Bericht der Pläne gäbe, die ich verfolgte, um
manche meiner Brüder aus der Sklaverei zu befreien.

Sechzehntes Kapitel.

Sklaven nach Canada geführt.

Ein Sklave wird sich nie seines entarteten und hoffnungslosen Zustandes recht bewußt werden, so lange er sich in der Leibeigenschaft befindet. Nachdem ich einmal den Segen der Freiheit gekostet hatte, kehrte mein Geist zurück zu denen, die noch in der Knechtschaft seufzten, und ich traf Maßregeln, so viele als möglich aus derselben zu befreien. Ich konnte nicht zweifeln, daß mit einiger Entschlossenheit Viele die Freiheit finden könnten, wenn man ihnen nur einige praktische Anweisungen zu Theil werden lassen könnte.

Eines Tages hielt ich eine ziemlich große Versammlung in Fort Erie, in welcher eine große Anzahl farbiger Leute erschien. Ich suchte besonders in meiner Predigt die Zuhörer von der Wichtigkeit ihrer Verpflichtungen zu überzeugen: erstens gegen Gott, der sie aus der Knechtschaft befreit, und zweitens gegen ihre Mitmenschen, und wie sie Alles thun sollten, um diejenigen zu befreien, die noch in der Sklaverei schmachteten. In der Versammlung befand sich ein Schwarzer, Namens James Lightfoot, der sehr viel Energie besaß und durch die Flucht nach Canada seine Freiheit erlangt hatte. Er hatte jedoch bis jetzt nie seiner Familie und seiner Freunde gedacht, die er zurückgelassen, bis er mich reden hörte. Nach der Beendigung des Gottesdienstes bat er mich um eine Unterredung, die ich ihm herzlich gern gewährte, und wir trafen in derselben die Verabredung, uns nach acht Tagen wieder zu sprechen. Er kam zur bestimmten Zeit und erzählte mir nun, woher er komme, wem er angehöre und wie er theure Eltern, drei Schwestern und vier Brüder zurückgelassen habe, die nahe am Ohio, nicht weit von Maysville, lebten. Er habe seine Pflichten gegen sie nie so sehr erkannt, wie seit meiner Predigt und wie er jetzt gerne Alles zu ihrer Befreiung thun wolle und gern alle seine Ersparnisse opfern, wenn er nur ihnen dadurch die Freiheit verschaffen könne, da er Tag und Nacht keine Ruhe fände. Ich wußte im Augenblick nicht, was ich ihm rathen sollte, aber als er nach einigen Tagen wieder kam und ich die Angst seines Herzens wegen seiner Verwandten sah, so entschloß ich mich, das schwierige und gefährliche Werk zu beginnen und mich zu bemühen, seine Theuren in das Land der Freiheit zu führen. Ich übergab meine Lieben in Gottes Hände und reiste zu Fuß über 400 Meilen. Der Herr aber stärkte mich und gab mir genügende Kraft zur Ausführung des Unternehmens. Ich kam durch die Staaten New York,

Pennsylvania und Ohio — die sogenannten freien Staa=
ten — überschritt dann den Ohio nach Kentucky und
fand endlich die Verwandten meines Freundes in dem
Orte, den er mir beschrieben.

Ich war ihnen natürlich vollständig fremd, aber ich
konnte sie bald überzeugen, daß ihr Bruder nach Ca=
nada, dem Lande der Freiheit, gegangen sei und mich
ihnen als einen Freund sende, um sie in ihrer Flucht
zu unterstützen.   Natürlich rief meine Mittheilung eine
große Aufregung hervor, aber die Eltern waren schon
so alt, daß sie die Ermüdung nicht mehr ertragen konn=
ten; seine Schwestern hatten eine Anzahl Kinder und
konnten auch nicht reisen, seine vier Brüder und ein
Neffe waren junge Männer und fähig für das Unter=
nehmen, aber der Gedanke, Vater und Mutter zu ver=
lassen, war für sie zu schmerzlich, und zudem fürchteten
sie auch, daß die Aufregung und der Schmerz der
Ihrigen bei ihrem Abschiede sie verrathen könne.   Sie
weigerten sich also, jetzt zu gehen, erklärten aber, daß
sie in einem Jahre bereit sein würden, wenn ich dann
wiederkommen und sie holen wolle.   Ich willigte ein
und wanderte dann noch 40 bis 50 Meilen weiter
in das Innere von Kentucky, wo, wie ich gehört hatte,
eine Anzahl Sklaven zur Flucht bereit stand und nur
noch auf einen Führer wartete.   Ich reiste bei Nacht
und ruhte am Tage, bis ich zuletzt Bourbon erreichte,
wo ich diese Leute zu finden erwartete.   Eine Woche
verging noch mit Besprechungen und Anordnungen aller

Art; dann trat ich mit etwa dreißig Sklaven aus verschiedenen Gegenden an einem Samstag die Flucht an.
Der Schmerz des Scheidens kann besser gefühlt als beschrieben werden, da hier Männer ihre Weiber verließen, Mütter ihre Kinder und Kinder ihre Eltern.
Dieses mag auf den ersten Augenblick befremdlich und
unglaublich erscheinen; wenn man aber bedenkt, wie
eine solche Trennung ihnen ja doch immer drohte, und
sie jeden Augenblick an die Negerhändler verkauft werden konnten, so wird man sich darüber nicht mehr ver-
wundern.

Wir überschritten sicher den Ohiofluß und erreichten
Cincinnati in der dritten Nacht nach unserer Abreise.
Hier erlangten wir einige Unterstützung und begaben
uns dann nach kurzer Rastzeit nach Richmond in Indiana.   Diese Stadt ist ganz von Quäkern erbaut, die
uns ohne Zeitverlust auf unserem Wege weiter halfen.
In vierzehn Tagen erreichten wir, nach einer beschwer-
lichen Wanderung durch die Wildniß, Toledo, eine Stadt
am südwestlichen Ufer des Eriesee's, von wo aus wir
Passage nach Canada nahmen, und dieses Land auch in
Sicherheit erreichten.   Ich begab mich sogleich zu meiner Familie, einen großen Theil der Flüchtlinge mit
mir nehmend, während die Uebrigen ihre Verwandten
und Freunde aufsuchten, die überall verstreut wohnten.
Im Herzen aber fühlte ich glücklich und zufrieden, daß ich
das Werkzeug hatte sein dürfen, eine Anzahl meiner Mit-
geschöpfe aus der Sklaverei in die Freiheit zu versetzen.

9

Siebzehntes Kapitel.

Meine zweite Reise nach Kentucky.

Ich verblieb jetzt ruhig arbeitend auf meiner Farm
bis zum nächsten Herbste, um welche Zeit ich ver=
sprochen hatte, die Verwandten meines Freundes
Lightfoot, dem ich in Fort Erie begegnete, zu befreien.
In Folge dieses Versprechens begab ich mich also auf
eine zweite Reise nach Kentucky.

Auf meinem Wege dorthin ereignete sich jene wun=
derbare Begebenheit, bekannt unter dem Namen: „me=
teorischer Regen“. Die Himmel schienen sich aufgelöst
zu haben in fallende Blitze und Sterne. Als ich Lan=
caster in Ohio um drei Uhr Nachmittags erreichte, fand
ich das ganze Dorf in Aufregung, die Glocken läuteten
und die Leute riefen aus: „Der Tag des Gerichtes ist
herbeigekommen!“ Ich dachte bei mir, daß das aller=
dings so sein könne und daß ich mich gerade in dem
rechten Geschäfte befände, so ging ich ruhig meines
Weges und ließ die erschrockenen Leute hinter mir. Die
Sterne hörten bald auf zu fallen und das Licht der
Sonne erschien.

In Portsmouth, Ohio, entging ich mit genauer
Noth der Gefangennahme. In dieser Stadt verkehrten
viele Kentuckier, die einen jeden Schwarzen verdäch=
tigten, an dem sie etwas Ungewöhnliches bemerkten.
Ich kam am Morgen an und hatte bis zwei Uhr Nach=
mittags auf das Dampfboot zu warten, da ich erst in
der Nacht in Maysville anzukommen wünschte. Wäh=
rend dieses kurzen Aufenthalts mußte ich aber, um den
Fragen der Kentuckier zu entgehen, zu einer List greifen.
Ich nahm einige getrocknete Blätter in ein Tuch und
band dieses um meinen Kopf, so daß es bis zu den
Augen reichte, und gab vor, daß ich schreckliche Zahn=
und Kopfschmerzen habe, so daß ich nicht sprechen könne.
Verschiedene Personen redeten mich an und waren be=
gierig zu erfahren, wer ich sei, woher ich komme und
wem ich angehöre. Ich schüttelte jedoch auf alle ihre
zahlreichen Fragen nur immer den Kopf, gab undeut=
liche Antworten und betrug mich auf eine Weise, daß
sie nichts aus mir herausholen konnten. Durch diesen
Kunstgriff entging ich allen unangenehmen Folgen, und
kam sicher an Bord des Dampfers, gerade vierzehn Tage
nachdem ich Canada verlassen hatte.

Bei meiner Landung hatte ich mich nur wieder über
das wunderbare Walten der Vorsehung zu wundern.
Die zweite Person, die mir in der Straße begegnete,
war James Lightfoot's Bruder, Jefferson, einer von
denen, die versprochen hatten, mit meiner Hülfe zu ent=
fliehen. Er sagte mir, daß sie noch immer entschlossen

seien, den Versuch zu wagen und zwar in der Nacht des
nächsten Samstags denselben in Ausführung zu bringen
und sogleich mit den Vorbereitungen zu beginnen ge=
dächten.

Samstag Nacht wählte man aus dem Grunde, weil
es am nächsten Tage keine Arbeit gab, es vielen erlaubt
war, ihre Familien zu besuchen, und man sie also nicht
vor der Zeit ihres gewöhnlichen Erscheinens auf dem
Felde vermissen würde. Bis dahin konnten sie aber
schon 80—100 Meilen entfernt sein. In der Zwischen=
zeit hatte ich mich am Tage zu verbergen und kam nur
des Nachts mit ihnen zusammen, um die zu treffenden
Vorbereitungen zu leiten.

Aus Furcht entdeckt zu werden, schieden die Ge=
schwister, ohne ihrem Vater und ihrer Mutter Lebewohl
zu sagen, und um zu verhindern, daß die Bluthunde
unsere Spur entdeckten, nahmen wir etwas unterhalb
der Stadt ein Boot und segelten den Fluß hinunter,
was zwar nicht der kürzeste Weg, aber jedenfalls der
sicherste war.

Die Entfernung von Maysville nach Cincinnati be=
trägt etwa 65 Meilen, und wir hofften noch vor Tages=
anbruch die Stadt zu erreichen, um die Post nach San=
dusky nehmen zu können. Unglücklicherweise bekam
jedoch unser Boot einen Leck, so daß wir nur mühsam
dem Ertrinken entgingen und an's Ufer gelangten.
Wir kamen zwar wieder in den Besitz eines anderen
Bootes, aber der Zeitverlust war schon zu groß, um

noch zur rechten Zeit die Post anzutreffen. Der Tag
brach an und wir waren noch zehn Meilen von der
Stadt entfernt und mußten jetzt unser Boot verlassen,
wenn wir uns nicht der Gefahr aussetzen wollten, ent=
deckt zu werden. Das waren ängstliche Stunden! Wir
waren glücklicherweise zu weit, um noch von Bluthun=
den verfolgt werden zu können, und glaubten daher,
jetzt schon zu Fuß weiter gehen zu dürfen. Sieben
Meilen von Cincinnati entfernt ist der Miamifluß, und
diesen hatten wir zu durchschreiten, um nach der Stadt
zu gelangen. Hier trat uns ein großes Hinderniß ent=
gegen. Der Fluß schien zu tief zum Durchwaten zu
sein, und doch wagten wir nicht ein Boot zu miethen,
da alles leicht auf unsere Spur lenken konnte. So
gingen wir denn den Fluß auf und ab, um nach einer
Stelle zu spähen, die wir hätten durchwaten können —
jedoch vergebens. „Kommt, Knaben, laßt es uns noch
einmal versuchen," ermunterte ich meine Kameraden,
und sie folgten mir, wenn auch widerstrebend. Nach=
dem wir etwa eine Meile gegangen waren, sahen wir
eine Kuh aus dem Walde kommen und den Weg nach
dem Flusse zu nehmen, als ob sie trinken wollte, und
um meine Begleiter ein wenig aufzuheitern, sagte ich:
„Kommt, laßt uns der Kuh folgen und sehen, was
sie thut, vielleicht hat sie uns einige Neuigkeiten zu
erzählen." „Ach was, die Kuh kann nicht reden," er=
widerte der Eine ärgerlich, dennoch folgten sie mir auf
mein Drängen. Die Kuh verblieb an ihrem Platze,

bis wir etwa noch ein oder zwei Ruthen von ihr ent=
fernt waren, dann durchschritt sie geradewegs den Fluß,
und zwar ohne zu schwimmen. „Seht ihr," rief ich
aus, der Herr hat uns diese Kuh geschickt, um uns zu
zeigen, wie wir über den Fluß kommen können." —
Noch bis auf den heutigen Tag gehört diese Begeben=
heit zu den wunderbarsten meines Lebens.

Wir hatten bis jetzt in ziemlicher Eile unseren Weg
verfolgt und waren daher buchstäblich in Schweiß ge=
badet, trotzdem es schneite, und meine Kameraden hiel=
ten es daher für gefährlich, den Fluß zu durchschreiten,
in dem sich noch dazu eine ziemliche Menge Eis befand.
Es war aber eine Frage auf Leben und Tod — so
schritt ich voran und sie folgten zögernd. Der jüngste
der Lightfoots wurde aber, noch ehe wir den Fluß
halb durchwatet hatten, von einem heftigen Glieder=
krampf befallen und mußte getragen werden. Erst nach
längeren Reibungen erholte er sich theilweise und konnte
mit uns die Reise fortsetzen. Wir erreichten Cincinnati
am Sonntag Morgen, zu spät für die Post; aber da
wir in der Stadt einige Freunde hatten, konnten wir
uns bis Montag Abend verborgen halten, und setzten
dann unsere Reise nach Canada fort durch Schnee und
Regen, durch Wasser und Schlamm. Da wir vom
eigentlichen Wege abgewichen waren, um zu den Quä=
kern zu gelangen, so hatten wir dadurch selbst unsere
Reise um etwa hundert Meilen verlängert, wozu sich
noch der Umstand gesellte, daß der vorhin erwähnte

Knabe auf's Neue erkrankte und auf dem Rücken ge=
tragen werden mußte. Mit der Zeit wurde das aber
zu unbequem und wir verfertigten eine Art Tragbahre.
Um diese Zeit hatten wir den Staat Indiana erreicht
und konnten nun auch bei Tage reisen, so lange wir
uns in den Wäldern verborgen hielten. Der Kranke
wurde immer schlimmer und wir alle glaubten, daß
der Tod nicht mehr ferne sei. Er selbst fürchtete,
daß er uns zu hinderlich werden und schließlich noch
unsere Auffangung herbeiführen werde, und er bat
uns daher, ihn an irgend ein ruhiges Plätzchen zu
bringen, damit er dort allein sterben könne. Nach
langem Zögern willfahrte man seinen Bitten und wir
legten ihn an einem geschützten Platze nieder in der
vollen Erwartung, daß der Tod bald alle seine Leiden
beendigen werde. Der arme Bursche drückte seine Be=
reitwilligkeit aus, dem letzten Kampfe in der Hoffnung
auf ein ewiges Leben zu begegnen. Der Abschied war
ein herzzerreißender und schwer nur rissen wir uns von
ihm los.

Wir waren jedoch noch keine zwei Meilen weit ge=
kommen, als einer der Brüder des Sterbenden plötzlich
stille stand und uns sagte, daß sein Gewissen ihm nicht
erlaubte, seinen Bruder allein in der Wildniß verderben
zu lassen, wo er wahrscheinlich eine Beute der reißenden
Wölfe werde. Da wir seinen tiefen Kummer sahen,
so kehrten wir zurück und fanden auch bald den Kranken,
anscheinend sterbend und mit jedem Athemzuge ein Ge=

bet zum Himmel empor schickend. Die Freude der
Lightfoots zu beschreiben, als sie noch einmal ihren
kranken Bruder wiedersahen, wäre unmöglich. Wir
trafen sofort Vorbereitungen, unsere Reise in der best=
möglichsten Weise wieder fortzusetzen; und noch keine
hundert Schritte mochten wir gegangen sein, als sich
uns in einiger Entfernung ein Wagen näherte, und wir
machten uns sogleich bereit, auszukundschaften, ob wir
keinen Beistand erlangen könnten.

Ich umging zu diesem Zwecke die Landstraße, so daß
es den Anschein gewann, als komme ich von der ent=
gegengesetzten Seite, von der sich der Wagen näherte,
und sobald derselbe nahe genug gekommen war, bat ich
dem Inhaber desselben einen „guten Tag.“ „Wohin
gehst du?“ fragte er mich, und an dem Du, wie an
seinem Rock und Hut, erkannte ich den Quäker. Ich
machte ihn jetzt mit allen unseren Umständen bekannt
und er bot sogleich bereitwillig seine Hülfe an. Als er
den Leidenden erblickte, wurde er zu Thränen gerührt
und wendete schnell sein Pferd, um seiner Heimath
wieder zuzufahren, obgleich er beabsichtigt hatte, mit
seiner Wagenladung auf den Markt zu fahren. Die
Quäkerfamilie empfing uns auf das Freundlichste, und
es wäre unmöglich, die Glückseligkeit der Lightfoots
zu beschreiben, als sie auf ihren kranken Bruder blickten,
dem nun jegliche Bequemlichkeit zu Theil wurde.
Ueber-Nacht verblieben wir bei dieser guten Familie
und es wurde beschlossen, daß der Kranke bei derselben

zurück bleiben solle, bis er durch Gottes Gnade genesen
sei. Wir wurden freundlich versorgt mit einem Säckchen
Bisquits und einem großen Stück Fleisch. So aus-
gerüstet, wandten wir noch einmal unser Angesicht dem
Eriesee zu.

Wir waren noch nicht weit gegangen, als sich uns
ein weißer Fußgänger näherte, den wir jedoch, da er
allein war, nicht weiter fürchteten. Es stellte sich bald
heraus, daß derselbe auch aus dem Süden kam und
zwar als ein Flüchtling, weil er Gewalt gebraucht
hatte gegen eine höchst ungerechte Behandlung. Seine
Gesellschaft sollte uns noch zu großem Nutzen werden
und uns befreien aus den Händen der Sklavereijäger,
die jetzt auf unserer Spur waren und eifrig nach ihrer
Beute fahndeten. Bis zum nächsten Morgen wünschten
wir den See zu erreichen, der noch 40 Meilen entfernt
war, und wir wanderten daher die ganze Nacht. Mit
Tagesanbruch erreichten wir ein einsames Wirthshaus,
das nahe am See lag. Unser Begleiter weckte die
Wirthin und bestellte ein Frühstück; und während
dasselbe bereitet wurde, verfielen wir, ermüdet durch
die langwierigen Anstrengungen, in einen leichten
Schlaf.

Gerade als das Frühstück fertig war und wir uns in
einem halb wachenden, halb schlafenden Zustande befanden, kam über mich die plötzliche Ueberzeugung, daß
uns Gefahr drohe, und ich forderte meine Gefährten
auf, mir in den Hof zu folgen. Sie thaten es zögernd

und ungern und nur, weil sie mir Gehorsam versprochen hatten.   Kaum befanden wir uns draußen, so hörten wir Pferdegetrapp sich nähern und verbargen uns so schnell wie möglich hinter einigem Gebüsch.   Vor dem Hause hielten die Reiter an und unser weißer Freund näherte sich langsam der Hausthüre, als ob er der Wirth sei, und behielt diesen Posten mit großem Er= folge inne.   Die Reiter fragten ihn jetzt, ob er nicht einige Sklaven auf diesem Wege gesehen habe, und er antwortete ihnen, daß er allerdings solche gesehen zu haben glaube.   Sie fragten ihn weiter, wie viele es gewesen seien.   „Etwa sechs," antwortete er, „und sie befinden sich auf dem Wege nach Detroit und können noch nicht viele Meilen zurückgelegt haben."   Sogleich schwangen sich die Reiter wieder in den Sattel und fort ging's im Galopp den vermeintlichen Flüchtlingen nach.   Es war ein kritischer Augenblick für uns ge= wesen! Jetzt ging es geschwind heraus aus dem Ver= steck, und in unglaublich kurzer Zeit verzehrten wir unser Frühstück.   Mittlerweile hatte der Wirth unsere Geschichte erfahren und erbot sich sogleich, uns in seinem Boot über den See nach Canada zu führen.   Wir waren nur zu glücklich über dieses Anerbieten, und bald glitt die kleine Barke mit den vom Winde ge= schwellten weißen Segeln dahin über den See, und vor uns hatten wir das Land der Freiheit.   Worte ver= mögen unsere Empfindungen nicht zu beschreiben, be= sonders diejenigen meiner Kameraden.   Ihre Brust war erfüllt von unaussprechlicher Freude; einer sprang dem anderen voraus, um zuerst das Ufer des freien Landes zu berühren. Und als wir wirklich das Ufer erreicht hatten, tanzten und weinten sie vor Freude und küßten den Boden, auf dem sie standen, — nicht mehr als Sklaven, sondern als freie Menschen.

Nach dem Verlauf einiger Monate hatte ich auch die unaussprechliche Freude, den jüngeren Bruder der Lightfoots zu umarmen, den wir bei den Quäkern zu= rückgelassen. Er war gesund und stark geworden unter ihrer Pflege.

Meine Freude wurde dadurch vollkommen gemacht und viele Segenswünsche wurden mir von denjenigen zu Theil, die ich mit Gottes Hülfe aus dem Elend der Sklaverei errettet hatte. Ueberhaupt besteht die Haupt= quelle aller meiner Freuden in dem Bewußtsein, daß Gott mich als Werkzeug gebrauchte, 118 Sklaven in das Land der Freiheit geführt und sie befreit zu haben aus den erbarmungslosen Händen der Sklavenhalter.

Frank Taylor, der Eigenthümer der Lightfoots, ver= fiel bald, nachdem er seine Sklaven vermißt hatte, in eine gefährliche Krankheit, in der er fast seinen Ver= stand verlor. Als er wieder besser wurde, suchten seine Freunde ihn zu überreden, auch dem Reste der Familie Lightfoot die Freiheit zu schenken, was er auch nach einigem Zögern that. In Canada traf die ganze Fa= milie zusammen und lebt noch daselbst.

Achtzehntes Kapitel.

Unsere Heimath in Dawn.

Unser Eigenthum vermehrte sich leider nicht mit der Zahl der Ansiedler. Die Neger erfreuten sich ihrer Freiheit so sehr, daß sie sich mit einem viel geringeren Loose begnügten, als zu erlangen es in ihrer Macht gestanden hätte. Sie pachteten oftmals uncultivirtes Land und verpflichteten sich, dasselbe in einem bestimmten Zeitraum abzuroden; war dann die Zeit herum und hätten sie endlich nach aller ihrer Mühe und Arbeit auch den Lohn genießen können, so zog der Eigenthümer des Landes die Pacht wieder ein und erzielte selbst auf dem urbar gemachten Lande die vortrefflichste Ernte, während die armen Betrogenen mit langer Nase abziehen konnten. Anstatt aber gewitzigt zu sein für die Zukunft, thaten sie vielleicht bald darauf ganz dasselbe, und so kam es, daß sie nach zehn Jahren sich nicht besser standen als am Anfang. Ein anderer Umstand, der zu ihrem Schaden gereichte, war der, daß sie fast nur Taback bauten, da kein Weißer die Cultivirung desselben so gut verstand. Die Folge davon

aber war, daß der Markt mit Taback überladen war,
und daß der Preis desselben fiel, während andere Pro-
ducte, wie Welschkorn u. f. w., im Preise stiegen.

Ich sah die Folgen dieser Zustände klar vor Augen
und konnte nicht umhin, meine Nachbarn und Freunde
darauf aufmerksam zu machen und ihnen Vorlesungen
zu halten über Ackerbau. Ich bestand darauf, daß sie
außer dem Taback sich auch ihr eigenes Getreide zögen
und sich so den Lohn ihrer Anstrengungen sicherten.
Meine Beweisgründe dafür waren so klar und einfach,
daß sie mich verstehen mußten. Sehr oft befanden sich
unter meinen Zuhörern gerade jene Händler, deren
unverhältnißmäßigen Nutzen ich zu verringern im Begriffe stand; aber ich ging mit solcher Zartheit und
Schonung in der Sache voran, daß sie sich nicht be-
leidigt fühlen konnten, während diejenigen, deren Vortheil ich im Auge hatten, meinen Rath einsahen und
denselben annahmen. Gegenwärtig gibt es jetzt zu
meiner Freude viele farbige Flüchtlinge in jener Gegend Canadas, die ihre eigene Farm besitzen, ihre Kinder in Unabhängigkeit auferziehen und ihnen eine gute
elementare Schulbildung geben lassen — und doch hatten
diese, ehe ich zu ihnen redete, noch nicht einen Schritt
zu derartigen Verbesserungen gethan.

Während der Zeit, die ich in Colchester verlebte,
machte ich die Bekanntschaft eines frommen Missionärs,
der sich sehr für unser Volk interessirte. Er half mir
in all meinem Bestreben, der schwarzen Bevölkerung

Gutes zu erweisen. Er schrieb unter Anderem an sei=
nen Freund Fuller, einen Quäker aus England, der
in Skanecteles, New York, wohnte, und suchte auch ihn
für das Wohl unserer aufstrebenden Bevölkerung zu
interessiren. Er hatte auch in so weit Erfolg, daß
Fuller, der gerade im Begriffe stand, eine Besuchsreise
nach England zu machen, uns versprach, seine dortigen
Freunde zu unserer Unterstützung aufzufordern.

Er kam zurück mit 1500 Dollars für unsere Sache,
und es fragte sich jetzt nur, wie diese Summe am besten
anzulegen wäre. Ich hatte zwar schon eine ganz ent=
schiedene Meinung in der Sache, dennoch hielten Wil=
son und ich es für das Gerathenste, eine Versammlung
von Delegaten aus den verschiedenen Neger=Colonien
zusammen zu berufen und in derselben zu berathschla=
gen, wie man das Geld am besten für das Wohl unse=
rer Brüder anwenden könne. Diese Versammlung fand
statt im Juni 1838 und zwar in London, im oberen
Canada. Ich schlug auf derselben vor, daß man mit
Hülfe des Geldes eine Arbeitsschule errichten solle, in
der unsere Kinder eine gute Elementar=Schulbildung
erhalten, und wo man noch außerdem die Knaben
irgend ein mechanisches Handwerk, die Mädchen aber
diejenigen weiblichen Handarbeiten lehren würde, die
zur Zierde ihres Geschlechtes dienen. Dadurch allein
würde es uns möglich gemacht werden, mit der Zeit
eben so unabhängig in intellektueller Beziehung von den
Weißen dazustehen, als wir es jetzt schon in irdischer

Hinsicht thaten. Für meinen Plan sprach auch noch besonders der Umstand, daß die eingefleischten Vorurtheile der Weißen ihnen in manchen Distrikten nicht erlaubten, unsere Kinder an dem Unterricht der ihren Theil nehmen zu lassen.

Zuerst fehlte es unserem Vorschlage nicht an Opponenten, aber wir besprachen uns so lange und eingehend über die Sache, daß wir schließlich alle einig wurden und man ein Committee von drei Männern erwählte, um einen passenden Platz für die Errichtung des Instituts aufzufinden. Missionar Wilson und ich waren die thätigen Glieder dieses Committees, und nachdem wir Canada nach allen Seiten hin durchreist hatten, fanden wir keinen besseren Platz als die Stadt Dawn, auf die ich schon einige Jahre zuvor mein Augenmerk gerichtet hatte.

Hier kauften wir jetzt 200 Acker sehr reichen Bodens, bepflanzt mit Schwarz-Wallnußbäumen und Weißholz. Ich kaufte für mich selbst noch einige Morgen zu einem außerordentlich billigen Preise, zu dem der Verkäufer mir das Land überließ, wenn ich ihm Baarzahlung leisten würde. Den Nutzen, den ich auf diese Weise erzielte, theilte ich jedoch mit dem Institut, indem ich demselben noch einen Theil des so billig gekauften Landes überließ.

Im Jahre 1842 zog ich mit meiner Familie nach Dawn, und da sich bald eine ganze Anzahl meiner Freunde dort niederließ, so schien die Zukunft des In-

ftituts gefichert zu fein. Es befindet fich jetzt in jener
Gegend eine ganze Anzahl blühender Colonien und die
fchwarze Bevölkerung hat fich nach allen Richtungen
hin auf einem Flächenraum von mehr als dreihundert
Quadratmeilen verbreitet. Ich glaube nicht, daß ich
zu hoch greife, wenn ich die Zahl der Schwarzen auf
20,000 fchätze. Wir blickten auf unfere Schule und
den Landbefitz als zwei wichtige Bedingungen, mit der
Zeit den Segen der Civilifation zu genießen, wo wir
bis jetzt nur ihr Elend und ihre Lafter kennen gelernt
hatten.

Ich hörte nie auf, nach beften Kräften für das Wohl
meiner Brüder zu forgen und auch die Hülfe und den
Beiftand Anderer für fie zu gewinnen. Ich machte
viele Reifen durch New York, Connecticut, Maffachu-
fetts und Maine und fand überall Freunde für unfere
Sache. Ich empfing manche Liebesgabe für mein Volk
und erfuhr perfönlich die freundlichfte Behandlung.
Die wichtigfte Hülfe jedoch wurde mir von Bofton aus
zu Theil, durch die wir in Stand gefetzt wurden, eine
Sägemühle zu errichten und mit der Lichtung unferer
Wälder zu beginnen. Der Verkauf des Holzes brachte
uns dann eine fehr willkommene und hochgefchätzte
Unterftützung für unfere Schule ein. Einige der kleinen Reifen, die ich unternahm, führten zu allerlei
Ereigniffen und Beobachtungen, die ich in einem folgenden Kapitel mittheilen will.

Neunzehntes Kapitel.

Unser Holzhandel.

Das Land, auf dem wir uns in Canada niedergelassen, war mit den schönsten Wäldern bedeckt, bestehend aus Bäumen der edelsten und der verschiedensten Art. Unsere Leute, die diesen Reichthum nicht zu schätzen vermochten, verbrannten die Bäume, um sich ihrer zu entledigen. Manchmal, wenn ich die Wälder durchstreifte, wurde ich ganz niedergeschlagen über diese Verschwendung und sann fortwährend über ein Mittel nach, diesen natürlichen Reichthum zu Geld zu verwandeln und dadurch die Lage des Volkes zu verbessern.

Ganz erfüllt von diesem Gegenstand verließ ich meine Heimath, um eine Beobachtungsreise durch New York und Neu England zu machen; ließ aber von meiner Absicht gegen Niemanden etwas verlauten. In New York sah ich Sägemühlen, in denen gerade solche Stämme verarbeitet wurden, wie wir sie daheim hatten, und in Neu England fand ich einen Markt für den Verkauf von Schwarz=Wallnuß, Weißholz und anderem Holz, gerade wie wir es daheim in Canada be=

10

saßen und dort verschwendeten. In Boston, Maß., angekommen, theilte ich diese Thatsachen und meine Pläne einigen menschenfreundlich gesinnten Männern mit, deren Bekanntschaft ich zuvor gemacht hatte. Sie liehen mir ein williges Ohr, und durch ihre Bemühungen erhielt ich vierzehnhundert Dollars, mit denen ich zurückkehrte und mich sogleich daran machte, eine Sägemühle in Camden (früher Dawn) zu erbauen. Es war erstaunlich und erfreulich zu sehen, wie die Leute rund umher jetzt mit wirklichem Ernst und Eifer zu arbeiten begannen und wie die Cultivirung des Landes vorwärts schritt.

Nachdem jedoch das Fachwerk der Mühle vollendet war, waren auch meine geringen Mittel erschöpft, welcher Umstand für mich keine kleine Versuchung war. Ich hatte nach bestem Gewissen gehandelt, mein Geld auf ehrliche Weise ausgegeben — und sollte nun vielleicht das ganze Unternehmen fehlschlagen?

Ich begab mich sogleich wieder zu meinen Bostoner Freunden, die mich ermuthigten und deren Beweise von Liebe und Achtung wie ein Balsam auf mein beunruhigtes Gemüth fielen. Sie indorsirten für mich eine Anweisung auf die Bank, wodurch ich befähigt wurde, noch achtzehnhundert Dollars mehr auf meine eigene Verantwortung hin zu leihen. Mit diesem Gelde konnte ich die Mühle vollenden, sie mit dem nöthigen Maschinenwerk versehen und bald die Freude haben, daß sie sich in vollem Gange befand. Natürlich war

die Mühle nicht mein Privateigenthum, sondern sie
gehörte der Gesellschaft an, welche die Arbeitsschule
gegründet hatte, in der jetzt viele Kinder, farbige und
weiße, ja selbst einige Indianerkinder unterrichtet wur=
den.

Da das Unternehmen, sowohl durch meine eigenen
Anstrengungen als durch diejenigen meiner Söhne, die
auch Antheil an der Mühle hatten, an Umfang gewann,
so begann ich darüber nachzudenken, wie ich mich am
besten meiner pecuniären Verpflichtungen entledigen
könne. Ich miethete zu diesem Zweck ein Schiff und
belud es mit 80,000 Fuß des besten Schwarz=Wallnuß=
holzes, das in unserer Mühle gesägt worden war. Mit
dem Kapitän schloß ich den Vertrag, dasselbe für mich
nach Oswego zu schaffen, und eine dortige Gesellschaft
beauftragte ich, es weiter nach Boston zu befördern.
Diese Gesellschaft aber schaffte das Holz nach New
York und suchte mich um die ganze Ladung zu betrügen.
Meine Bostoner Freunde jedoch verwendeten sich für
mich, ließen das Holz zurückschicken und sicher nach
Boston befördern, wo es auf dem Markt zu 45 Dollars
per 1000 Fuß verkauft wurde. Der Erlös bezahlte alle
Ausgaben und würde alle meine Schulden gedeckt
haben; meine Freunde jedoch riethen mir, einen Theil
des Geldes als Grundkapital für spätere Unternehmun=
gen zurückzulegen. Bald darauf beförderte ich eine
zweite Ladung auf demselben Wege.

Im nächsten Jahre brachte ich selbst, ohne Hülfe

irgend eines Agenten eine große Ladung Holz den St.
Lawrencefluß hinunter nach Boſton. Ich bezahlte ſelbſt
meinen Zoll und verkaufte mein Holz mit einem erfreu=
lichen Nußen.

Auf das ganze Unternehmen aber habe ich immer
mit großer Freude zurückgeſehen. Durch die Mühle
gewann die ganze Gegend ein anderes Ausſehen, und
wurden die Gewohnheiten der Bevölkerung außer=
ordentlich zu ihrem Vortheil verändert.

Eines kleinen Umſtandes möchte ich noch erwähnen,
der ſich ereignete, als ich dem Zollbeamten die für das
Holz ſchuldige Gebühr bezahlte. In den Ver. Staa=
ten war gerade kurz zuvor ein Geſeß herausgegeben
worden, welches verbot, einen Sklavenflüchtling zu
unterſtüßen oder ſich mit demſelben in einen Handel
einzulaſſen. Als dann der Zollbeamte mir meine Rech=
nung einhändigte, bemerkte ich ſcherzend, daß er beſſer
thun würde, ſich in kein Geſchäft mit mir einzulaſſen,
da ich ein Sklavenflüchtling ſei. „Sie ſind ein Skla=
venflüchtling?“ fragte er erſtaunt. „Ja, ja,“ ant=
wortete ich ihm, „und Sie thäten beſſer, kein Geld von
mir anzunehmen.“ „Das geht mich nichts an,“ ant=
wortete der Beamte, „hier iſt Ihre Rechnung; Sie
haben wie ein Mann gehandelt und wir wollen auch
als Männer mit einander verkehren.“ Die kleine
Scene erfreute mich und ſchien auch die Umſtehenden zu
ergößen.

Zwanzigstes Kapitel.

Ein Besuch in England.

Mein großes Interesse an der Arbeitsschule in Dawn war die Ursache meines Besuches in England. Diejenigen, die noch nie mit den ge- schäftlichen Angelegenheiten eines solchen Institutes vertraut waren, können auch nicht die Schwierigkeiten verstehen, die damit verknüpft sind. Trotz aller An- strengungen der Gründungsgesellschaft lastete doch eine Schuldenlast von 7500 Dollars auf dem Institut. Im Jahre 1849 hielten wir eine große Versammlung, zu der nicht allein die Beamten, sondern alle Freunde dieser Angelegenheit besonders eingeladen wurden, und es wurde gründlich berathen, wie diesem Uebelstande am besten abzuhelfen sei. Endlich wurde beschlossen, das ganze Unternehmen in zwei Theile zu theilen und unter die Aufsicht zweier Parteien zu stellen. Die eine Partei sollte die Aufsicht haben über die Mühle und einen Theil des Landbesitzes, und die damit verknüpften Schulden zu decken suchen; die andere Partei sollte die übrigen Gebäude und Ländereien und die Schule unter

ihre Aufsicht nehmen. Für die Schule fand sich leicht
Jemand, nicht so für die Mühle, die eine Schuldenlast
von 7500 Dollars trug. Es blieb mir nichts anderes
übrig, als diese Verantwortung selber zu überneh=
men, nachdem ich von meinem Freunde B. Smith die
Zusage erhalten hatte, daß er die Hälfte der Verant=
wortlichkeit tragen und sich auch des Geschäftes anneh=
men wolle.

Ich entschloß mich jetzt, die Weltausstellung in Lon=
don zu besuchen und einige Proben unseres besten Wall=
nußholzes dahin mit mir zu nehmen, um zu versuchen,
ob sich nicht auch mit England ein Handel eröffnen
ließe. Außerdem hoffte ich Hülfe zur Abtragung un=
serer Schuld zu finden. Ich wurde zu diesem Zwecke
von meinen amerikanischen Gönnern mit Empfehlungs=
briefen an die ersten Männer Englands versehen, die
sich mir sehr dienstbar erwiesen und mir den Eintritt in
die besten Gesellschaften des Königreiches eröffneten.

Ich kann es nicht unterlassen, hier einige Schwierig=
keiten zu erwähnen, die mir von Andern in den Weg
gelegt wurden, und so sehr ich diese Nothwendigkeit
auch bedauere, so muß ich es doch thun, um ein wirklich
verständliches Bild von dieser Periode meines Lebens
geben zu können. Es war mir nicht unbekannt, ehe ich
Canada verließ, daß einige Personen sich bestrebten,
das Eigenthum unserer Gesellschaft unter ihre Verwal=
tung zu bringen und meinen Einfluß auf dasselbe auf=
zuheben. Ich war nämlich noch nicht lange in Eng=

land gewesen, und war von den meisten Herren, an
die ich Empfehlungsschreiben hatte, sehr freundlich auf-
genommen worden, hatte auch schon auf etlichen Kanzeln gepredigt und mein Vorhaben einem Theil des
britischen Publikums auseinandergelegt — als mir
eines Tages ein Circular in die Hände fiel mit etwa
folgendem Inhalt: „Ein Mann, Namens Josiah Henson, der sich gegenwärtig in England aufhält, um unter
falschen Vorgebungen Geld zu collektiren, ist ein Betrüger. Er kann sich nicht ausweisen und wird das
Geld, das er etwa erhalten mag, gewiß nicht den Wünschen der Geber gemäß verwenden. Besagter Josiah
Henson ist aber ein sehr geschickter und beredter Mann
und es wird ihm leicht werden, das Publikum zu betrügen." So schwer dieser Schlag mich auch traf, so
freute ich mich doch, daß ich bereits meine Freunde ge-
beten hatte, ein größeres Committee zur Untersuchung
meiner ganzen Angelegenheit zu bestimmen, und ein klei-
neres, welches jeden Pfennig Geld, das ich erhalten
mochte, in Empfang nehmen und mir dasselbe nach
eigenem Gutdünken ausliefern solle. Zu diesem Committee gehörten Männer, deren Namen wohlbekannt
sind, wie z. B. George Hitchcock, John Scabell, Lord
Ashley (Graf von Shaftesbury) u. a.

Nachdem dieser Angriff auf meinen Charakter gemacht
worden war, wurde eine Versammlung der Männer
zusammenberufen, die sich für meine Sache interessirten,
und mein Ankläger, der sich auch in England befand,

wurde aufgefordert, mir vor dieser Versammlung von
Angesicht zu Angesicht zu begegnen. Er erschien auch
und wurde zuerst angehört, und dann wurde ich gefragt,
was ich auf diese Beschuldigungen zu antworten habe.
Ich berief mich einfach auf die Thatsachen, die ich ihnen
schon früher mitgetheilt, und sagte, daß ein Mann, der
sich ganz dem Dienste seiner Nebenmenschen hingegeben,
immer mißverstanden werden würde. Man las darauf
noch einmal meine Empfehlungsbriefe durch — und
diese allein waren schon eine hinreichende Widerlegung
der Anklage, daß ich ein Betrüger sei.

Die Herren versicherten mich ihres Vertrauens und
ihrer Zufriedenheit, beschlossen aber, um jeden Verdacht
von meinem Charakter zu entfernen, auf ihre eigenen
Kosten einen Agenten nach Canada zu schicken, der die
ganze Sache gründlich untersuchen sollte. Sie riethen
mir, denselben zu begleiten, und wir traten sofort
unsere Reise an, nachdem ich schon 1700 Dollars erhalten hatte, die natürlich jetzt in den Händen des
Schatzmeisters zurückblieben. In Canada angekommen,
wurde sogleich auf unserem Besitzthum eine Versammlung derer zusammenberufen, die sich für mich und
meine Sache interessirten, und es erschien auch eine
große Anzahl von Leuten aller Art, unter andern auch
der Prediger John Rolfe, der die Leitung der Untersuchung übernahm. Der Agent blieb noch etwa drei
Monate in Canada, und ehe er Amerika verließ, schickte
er mir einen Brief mit der Anzeige, daß, wenn ich immer

nach England zurückzukehren wünsche, ich in den Hän=
den von Amos Lawrence in Boston eine Anweisung
auf das nöthige Reisegeld vorfinden würde. Ich begab
mich daher im Herbste des Jahres 1851 auf meine
zweite Reise nach England.

Der Boden war jetzt für mich geebnet und ich konnte
eine reiche Ernte halten. In wenigen Monaten war
die ganze Schuld unseres Institutes abgetragen — da
rief mich plötzlich eine schwere Krankheit meiner Frau
nach der Heimath zurück. Einige interessante Erleb=
nisse während meines Aufenthaltes in England will ich
in einem anderen Kapitel erwähnen.

Einundzwanzigftes Kapitel.

Meine Erlebniffe in London.

Ich habe bereits erwähnt, daß ich die Abficht hatte, einige Proben unferes beften Wallnußholzes auf die Weltausftellung in London zu bringen. Ich wählte zu diefem Zwecke vier der fchönften Bretter mit den feinften Fafern und Zeichnungen, die ein Herr Chickering in Bofton für mich einpackte und fie mit dem Schiffe, welches die amerikanifchen Produkte auf die Weltausftellung brachte, nach London fchickte. Hier angekommen, ließ ich die Bretter noch einmal nach der franzöfifchen Art poliren, fo daß fie jetzt wirklich wie Spiegelglas glänzten. Ich kann nicht umhin, in Ver= bindung mit diefen Brettern eines Umftandes zu er= wähnen, der mich fehr amüfirte. Der Infpektor der amerikanifchen Abtheilung wollte nämlich meine Bret= ter, weil fie mit dem amerikanifchen Schiffe gekommen waren, für feine Abtheilung behalten, wogegen ich jedoch proteftirte, und diefelben als ein canadifcher Bürger auch nach der canadifchen Abtheilung gebracht zu fehen wünfchte. Er fagte mir aber: „Sie können ausstellen, was Ihnen gehört und was Ihnen beliebt, von diesen Sachen hier darf aber nicht eine ohne meine Bewilligung fortbewegt werden." Da kam mir ein glücklicher Einfall. Ich dachte, wenn dieser Yankee meine Produkte zu behalten wünscht, soll die Welt doch wenigstens wissen, wem sie gehören. Ich ließ daher am frühen Morgen einen Maler kommen und ihn mit großen weißen Buchstaben oben auf die Bretter schreiben: „Dies ist das Produkt eines Sklavenflüchtlings aus Dawn in Canada." Als der amerikanische Inspektor erschien, fand er mich schon auf meinem Posten. Sein Erstaunen, als er jene Worte las, brachten mich fast zum Lachen, aber seinem Gesichte sah ich es an, daß ein Gewitter im Anzuge sei. „Was soll das?" fragte er mich. „O," erwiderte ich, „es ist nur eine kleine Information für die Leute, damit sie erfahren, wer diese Bretter produzirte." „So, und denken Sie, ich werde diese Beleidigung, die für mich darin liegt, ruhig hinnehmen?" Es hatten sich inzwischen eine ganze Anzahl englischer Herren versammelt, die ihr Vergnügen über den Zorn des Yankee's kaum verbergen konnten. Dieser aber wurde dadurch nur noch um so mehr erbost und fragte mich: „Glauben Sie denn, ich hätte diese Bretter für nichts über den Ocean gebracht." „Nein, mein Herr, aber ich war von Anfang an bereit, dafür zu bezahlen." „Sie können jetzt die Bretter fortnehmen und sie hintragen, wohin es Ihnen beliebt." „O nein, Sie können dieselben jetzt nur behalten, ich

will Sie nicht mehr stören." „Nein, nein, Sie müssen
sie fortnehmen." So ging es fort zwischen uns und
ich sagte ihm endlich: „Als ich die Bretter nehmen
wollte, weigerten sie sich, mir dieselben zu überliefern,
und jetzt sollen sie bleiben, wo sie sind." Das Ende
vom Liede war, daß am nächsten Tage meine Bretter
nach der canadischen Abtheilung gebracht wurden, ohne
daß ich einen Pfennig dafür zu zahlen hatte. Auf jener
großartigen Weltausstellung erfuhr meinem geringen
Beitrage die größte Würdigung von allen Vorüber-
gehenden. Ich hatte sogar die Freude, daß die Königin Viktoria dieselben musterte und meinen ehr-
erbietigen Gruß freundlich erwiderte. „Ist er wirklich ein Sklavenflüchtling?" hörte ich sie ihre Begleiter fragen, und die Antwort, die sie empfing, war:
„Ja, Ew. Majestät, er ist in der That." Als ich
schon lange nach Canada zurückgekehrt war, wurden
mir noch manche Beweise der Anerkennung zu Theil.
So empfing ich unter anderen Sachen einen Catalog
sämmtlicher Gegenstände und ihrer Aussteller (unter
deren Namen ich auch den meinigen fand), eine bron-
cene Medaille und ein schönes Portrait der Königin
und der königlichen Familie.

Während meines Aufenthaltes in England wurde
ich von Vereinen der verschiedensten Art zum Reden
aufgefordert. Ein besonderes Vergnügen gewährte es
mir, die sogenannten Ragged Schools (Schulen für
verwahrloste Kinder) zu besuchen, und ich redete auch

in mehreren Versammlungen, die im Interesse dieser Schulen gehalten wurden. Die großen Massenversammlungen besuchte ich fast alle. Auf einer derselben (es war das Jahresfest des Sonntagschulvereins,) sprach ein Mann aus Pennsylvanien über die Sonntagschulen der Ver. Staaten und wie der Segen derselben allen Klassen der Bevölkerung zu Theil werde. Ich fühlte mich gedrungen, ihm zu widersprechen, und nachdem ich ihm einige Fragen gestellt, die er ausweichend beantwortete, theilte ich der großen Menge der versammelten Leute mit, daß die schwarze Bevölkerung sehr wenig von dem Segen der Sonntagschulen erfahre, ja in vielen Distrikten sogar förmlich von denselben ausgeschlossen sei. Meine Worte riefen eine große Aufregung hervor, denn die Leute mußten fühlen, daß ich aus Erfahrung und Ueberzeugung sprach.

Daß ich mit vielen der ersten Männer Englands bekannt wurde, habe ich bereits erwähnt. Ein Lord Grey machte mir den Vorschlag, nach Indien zu gehen und dort die Bemühungen der Regierung zur Einführung der Baumwollencultur zu leiten. Er versprach mir einen sehr guten Gehalt, und wenn ich es nicht aus Rücksicht für meine Unternehmungen in Canada unterlassen hätte, so würde ich seinen Vorschlag angenommen haben.

Ein anderes Ereigniß, auf das ich nur mit der größten Freude zurückblicken kann, war eine längere Unterredung mit dem Erzbischof von Canterbury, einem

Mann, der in gesellschaftlicher Hinsicht der Krone am
nächsten stand. Er erkundigte sich nach den Umstän=
den meines Volkes in Amerika und nach den Plänen,
die ich für dasselbe hegte, und nachdem wir uns etwa
eine halbe Stunde mit einander unterhalten hatten,
fragte er mich: „Welche Universität haben Sie besucht,
mein Herr?" „Die Universität des Unglücks, Euer
Hochwürden." „Die Universität des Unglücks," wie=
derholte er, indem er mich mit Erstaunen betrachtete,
„wie meinen Sie das?" „Es war mein Schicksal,
daß ich als ein Sklave geboren wurde, und einen
beträchtlichen Theil meines Lebens in der Sklaverei
verlebte; ich lernte nie in meiner Jugend die Bibel
lesen und empfing überhaupt meine Erziehung unter
den unglücklichsten Umständen. Das ist die Ursache,
weßhalb ich von der Universität des Unglücks sprach."
„O, ich verstehe Sie," antwortete er mir; „aber ist es
möglich, daß Sie nie eine höhere Schule besucht
haben?" „Ja," antwortete ich ihm, „ich hatte nie das
Glück, studiren zu können." „Aber ich kann mir gar
nicht denken, daß Sie nicht eine anständige Erziehung
genossen haben sollten. Ich habe schon viele Neger
sprechen hören, aber noch nicht einen, der sich so ge=
wandt auszudrücken verstand, wie Sie. Auf welche
Weise wurden Sie denn mit unserer Sprache bekannt?"
Ich erzählte ihm jetzt von meiner frühesten Kindheit,
und wie es immer mein Bestreben gewesen sei, denen
nachzuahmen, die meiner Ansicht nach am besten und

correkteſten ſprachen. „Es iſt erſtaunlich,‟ antwortete
der Erzbiſchof, „und wurden Sie denn auch ohne
religiöſen Unterricht aufgebracht? Wie wurden Sie
mit Chriſtus bekannt?‟ Ich erzählte ihm nun, wie
eine arme, unwiſſende Sklavenmutter mich das Va=
terunſer gelehrt habe. „Und auf welche Weiſe er=
weiterten ſich Ihre Begriffe von unſerem Erlöſer?‟
Ich theilte ihm jetzt, was meine Leſer bereits wiſſen,
von jener Predigt mit, die ich an einem Sonntagmor=
gen gehört, über den Text: „Er, durch die Gnade
Gottes, ſchmeckte den Tod für Jedermann.‟ „Das
war ein ſchöner Text,‟ antwortete der Erzbiſchof, und
ich ſah, wie er ſeine Thränen nicht zurückzuhalten ver=
mochte. Man hatte mir geſagt, daß meine Unter=
redung mit dem Erzbiſchof vielleicht eine Viertelſtunde
dauern werde, und als ich jetzt einen Blick auf die Uhr
warf, ſah ich, daß wir bereits anderthalb Stunden mit
einander geſprochen hatten. Ich erhob mich nun, um
Abſchied zu nehmen. Der Erzbiſchof begleitete mich
bis zur Thür, und indem er mir mit Thränen in den
Augen die Hand drückte und mich bat, ihn wieder zu
beſuchen, wenn ich wieder nach England käme, über=
reichte er mir einen 50 £ Schein.

Bei meinem zweiten Beſuch in England nahm ich
auch Theil an einer ſehr ſchönen Feſtlichkeit, die der
Premierminiſter von England, Lord John Ruſſel, einer
großen Anzahl von Sonntagſchullehrern gab. Dieſer
Tag gehörte auch zu einem der ſchönſten meines Lebens.

Zweiundzwanzigstes Kapitel.

Meine Rückkehr in die Heimath.

Vom Juni bis zum ersten August 1852 verfolgte ich in England eifrig den eigentlichen Zweck meiner Reise, und nachdem dieser erfüllt war, schrieb ich auf das Verlangen vieler englischer Herren und Damen eine Erzählung von den Ereignissen meines Sklaven= lebens nieder. Kaum war ich damit fertig, so erhielt ich am 3. September einen Brief aus Canada, der mich benachrichtigte, daß mein geliebtes Weib, meine Ge= fährtin für mehr als 40 Jahre, welche Freud und Leid mit mir getheilt hatte, sich am Rande des Grabes befinde und daß sie sehnlich meine Rückkehr wünsche, um mir noch ein letztes „Lebewohl" zu sagen. Schon am fol= genden Tage befand ich mich auf der Reise und erreichte am 20. September meine canadische Heimath. Nur Diejenigen, die schon einmal ähnliches Leid erfahren haben, können sich einen Begriff von meinen Gefühlen machen, als ich mich unserem einfachen Wohnhause näherte. Ich hatte nichts wieder gehört, seitdem ich England verlassen, und wußte nicht, ob mein geliebtes

Weib, die Mutter meiner Kinder, sie, die einst mit mir
jene einsame und ermüdende Reise aus dem Lande der
Sklaverei machte, sie, die mir stets ein so treues und
liebevolles Weib gewesen war, noch am Leben oder ob
sie schon eingegangen sei in die ewige Ruhe.

Der gütige Vater im Himmel hatte jedoch ihr Leben
ein wenig verlängert und wir durften uns noch einmal
wiedersehen. Und welch ein Wiedersehen war das!
Im Hofe begegneten mir meine vier Töchter, die sich
vor Freude und Schmerz in meine Arme warfen. Sie
baten mich, die Mutter nicht sogleich zu sehen, da ihre
geschwächten Nerven die Freude nicht würden ertragen
können. Sie bereiteten die Kranke erst schonend auf
meine Rückkehr vor. Als ich mich ihrem Bette näherte,
umarmte sie mich mit der Ruhe und dem Muth einer
Christin und tadelte mich sogar wegen meiner Bewe=
gung, die ich nicht zu unterdrücken vermochte. Ich
fand sie ganz ergeben in den Willen Gottes, und sie
wartete mit Festigkeit auf die Stunde ihrer Erlösung.
Sie freute sich sehr, mich noch einmal wieder zu sehen;
aber sie drückte auch ihr Bedauern aus, daß sie mich
hatte zurückrufen lassen zu einer Zeit, wo meine Aus=
sichten so glänzend waren. Ich beruhigte sie aber und
sagte ihr, daß ich von Herzen dankbar sei, daß Gott uns
dieses Wiedersehen vergönnt habe, was auch immer die
pecuniären Verluste sein möchten. Wir sprachen mit
einander über unser ganzes vergangenes Leben, und
riefen uns alle die traurigen und glücklichen Stunden

11

unserer Pilgerschaft in's Gedächtniß zurück, bis sie end=
lich ermattet in einen leichten Schlummer verfiel.

Am folgenden Tage schien sie neu belebt und gab sich
selbst der Hoffnung hin, daß sie vielleicht doch wieder
genesen könnte. Es sollte jedoch nicht so sein. Gott in
seiner Gnade verlängerte ihr Leben nur für wenige
Wochen, und ich hatte die traurige Freude, Tag und
Nacht an ihrem Bette sitzen zu dürfen, und endlich, als
der letzte Augenblick kam, durfte ich ihr die Augen
schließen. Sie segnete mich und ihre Kinder und
empfahl uns der Sorge unseres ewig treuen Heilandes,
der auch sie getragen hatte in so mancher schweren Prü=
fungsstunde. Dann küßte sie uns und ohne einen
Schmerz oder einen Seufzer schied sie von dieser Erde,
so sanft, wie ein Kind entschläft an seiner Mutter
Brust. Ich kann in Wahrheit und aus überströmen=
dem Herzen sagen, daß sie eine ernste und aufrichtige
Christin war und ein treues und liebendes Weib. Noch
am Tage ihres Todes traf sie alle die kleinen Vorberei=
tungen, die zu meinem Glück und meiner Bequemlichkeit
beitragen konnten.

Dreiundzwanzigstes Kapitel.

Meines Bruders Freiheit.

Ich habe schon erwähnt, daß mir von vielen menschenfreundlich gesinnten Männern in England die
größte Aufmerksamkeit zu Theil ward. Unter
diesen waren besonders Samuel Morley und George
Hitchcock, bei denen ich abwechselnd zu Mittag aß.
Eines Tages, als ich mich bei Samuel Morley zu
Tische befand und alle die kostbaren Speisen vor mir
stehen sah, kam plötzlich mit aller Macht die Erinnerung
an die Vergangenheit über mich, und besonders mußte
ich meines einzigen Bruders gedenken, der noch in den
Ketten der Sklaverei schmachtete. Ich sah ihn vor mir,
wie er alles dessen beraubt war, was das Leben schön
und angenehm macht, und wie er ein niedriges und
elendes Dasein führte, während ich an dem kostbar besetzten Tische eines der ersten Männer Englands saß.
Ich hörte im Geiste seine Ketten klirren, und sah, wie
er kaum genug hatte, um seinen Hunger zu befriedigen.
Alles wirkte so mächtig auf mich ein, daß ich mich

vom Tische erhob, ohne einen Bissen gegessen zu haben.
Herr Morley forschte freundlich nach der Ursache meines
ungewöhnlichen Betragens; aber es dauerte lange, bis
ich meine Bewegung so weit bemeistern konnte, um ihm
die Ursache mitzutheilen. In jenem Augenblick aber
faßte ich den festen Entschluß, so wie ich wieder in
Amerika sein werde, kein Mittel zur Befreiung meines
Bruders unversucht zu lassen.

Ich hatte schon früher, ehe ich nach England ging,
mehrere Versuche gemacht, meinen Bruder zu befreien.
Ein Herr Chaplain aus New York, der ihn im Süden
besuchte, wollte ihn zur Flucht bewegen, aber er besaß
keinen Muth, sein Leben auf's Spiel zu setzen. Dennoch
hatte ich keine Ruhe, und Chaplain versprach mir, da er
wieder eine Reise nach dem Süden antrat, einen zwei=
ten Versuch zu machen. Auch dieser war von keinem
besseren Erfolge gekrönt, und Chaplain, der jetzt ver=
suchte, einige Sklaven zu unterstützen, die von Georgia
nach Canada zu entfliehen gedachten, wurde entdeckt
und in's Gefängniß geworfen. Als Lösegeld für ihn
forderte man drei Mal den Werth der Sklaven, die er
hatte befreien wollen. Einige Quäkerfreunde brachten
die Summe zusammen, da sie wußten, daß Chaplain
gehängt werden würde, wenn man das Geld nicht
zahle. Unter diesen Quäkern befand sich auch eine
Familie Smith, die alle ihre Besitzungen verkaufte und
ihr ganzes Vermögen einbüßte, um den Freikauf Chap=
lain's zu ermöglichen.

Als ich nun von England nach Amerika zurückgekehrt
war, machte ich mir die Befreiung meines Bruders zu
meiner ersten Aufgabe; denn obwohl alle früheren
Versuche fehlgeschlagen waren, so konnte ich mich doch
nicht entschließen, alle Hoffnung aufzugeben. Durch
die Hülfe eines Freundes erfuhr ich, daß die Herrin
meines Bruders diesem seine Freipapiere für 400 Dol=
lars geben wolle, und ich schloß daraus, daß ich wenig=
stens 550 Dollars haben müßte, um ihn zu mir nach
Canada zu bringen. Ich wandte mich daher wieder an
meine Bostoner Freunde, besonders an Amos Lawrence,
und sie willigten ein, meinen Lebenslauf drucken zu
lassen, durch dessen Verkauf ich das nöthige Geld zu
erlangen hoffte. Kaum waren die Bücher fertig, so
nahm ich sie packweise auf meinen Rücken und durch=
wanderte alle Staaten Neu Englands, um sie zum
Verkauf auszubieten. Wirklich brachte ich das Geld
zusammen und sandte es frohen Herzens durch einen
Freund an der City Bank in Boston nach dem Süden.
Es dauerte auch nicht lange, so konnte ich meinen Bru=
der in Boston umarmen. Ich nahm ihn mit mir nach
Canada, woselbst er fünfzehn Jahre mit uns verlebte.
Als der Präsident Lincoln allen Sklaven Amerikas die
Freiheit verkündigte, kam sein ältester Sohn, um den
Vater zu besuchen, und wenn der Präsident ein Zeuge
des Wiedersehens zwischen Vater und Kind hätte sein
können, so würde sein Herz sich gewiß befriedigt gefühlt
haben.

Der Sohn ging wieder zurück und verlebte noch drei
Jahre mit seiner Mutter und seinen Geschwistern; dann
kam er wieder nach Canada, um seinen Vater mit nach
New=Jersey zu nehmen, wohin die ganze Familie ge=
zogen war.   Die frühere Besitzerin seines Vaters hatte
gleich nach der Verkündigung der Sklaven=Emancipation
Maryland verlassen und war nach New=Jersey gezogen,
woselbst ihr Mann eine große Milchfarm angekauft
hatte.   Sie versuchte, sich mit weißen Dienstboten zu
behelfen; aber als es nicht ging, bat sie meinen Bruder,
mit seiner Familie zu ihr zu kommen, um gegen einen
hohen Lohn ihr wie zuvor zu dienen.   Die Familie be=
findet sich noch dort; der älteste Sohn meines Bruders
ist jetzt Aufseher der ganzen Farm und genießt großes
Vertrauen.   Mein Bruder ist jetzt ein und neunzig
Jahre alt und ist mein einziger, noch lebender Ver=
wandter, außer meiner Frau und meinen Kindern.

Vierundzwanzigstes Kapitel.

Harriet Beecher Stowe's Charaktere in Onkel Tom's Hütte.

Nach meinem so erfolgreichen Aufenthalt in England durchreiste ich Canada, Maine, New-Hampshire, Vermont, Massachussetts, Connecticut und Rhode Island. Ueberall wurde ich auf das Höflichste empfangen und redete auf den Kanzeln der verschiedensten Denominationen über die Sklaverei. Zu jener Zeit wurde die Sklaverei noch als ein berechtigtes Institut des Südens betrachtet, und man glaubte, nichts in der Welt würde im Stande sein, die Grundvesten desselben zu erschüttern. Es ist eine sehr irrige Meinung Vieler, daß die Sklavenbesitzer ihre Sklaven verkauft haben würden, wenn die Regierung ihnen die Bezahlung derselben angeboten hätte. Sie liebten die Sklaverei viel zu sehr, waren mit derselben aufgewachsen und nicht willig, ohne Kampf dieses Institut aufzugeben. Antisklaverei-Grundsätze fand man im Süden fast gar nicht, und selbst im Norden waren dieselben durchaus nicht allgemein, und deßwegen waren auch solche Männer, die moralischen Muth genug besaßen, um über das Für und Wider der Sklaverei in öffentlichen Versammlungen zu reden, immer sehr willkommen. Sie trugen viel dazu bei, die öffentliche Meinung des Nordens zu ändern. In der Umgegend von Andover traf ich mit Frau Beecher Stowe zusammen. Sie sandte nach mir und meinem Reisegefährten George Clark, der mit seiner schönen Singstimme viel dazu beitrug, meine Versammlungen interessant zu machen. Wir begaben uns nach dem Wohnhause der Dame und sie ging mit großem Interesse auf mein Leben und meine Leiden ein. Sie freute sich über die Veröffentlichung derselben und hoffte, das Buch werde viel dazu beitragen, den Leuten die Augen zu öffnen über das Verbrechen, welches in der Sklaverei liege. Ich konnte ihr, da es sie sehr zu interessiren schien, noch viele Einzelheiten mittheilen über Sklaverei und Sklavenbesitzer, und konnte dies um so mehr, da ich nicht allein Aufseher gewesen war, sondern auch fünf und zwanzig Jahre lang die Produkte unserer Farm auf den Markt in Washington bringen mußte und dadurch natürlich hinreichend Gelegenheit hatte, mit den Eigenthümlichkeiten der Sklavenbesitzer bekannt zu werden.

Bald nachher erschien Frau Beecher's berühmtes Buch „Onkel Tom's Hütte," das sich schnell durch alle Theile Amerikas verbreitete, und im Norden öffentlich, im Süden heimlich gelesen wurde. Manche sagten, ihre Berichte seien übertrieben, aber der Schlüssel zu dem

Buche, der bald darauf erschien, bewies nur zu klar,
daß die Frevel der Sklaverei nicht so leicht übertrieben
werden können. Frau Beecher wies in demselben auch
auf meine Lebensgeschichte hin. Von jener Zeit an
bis zu der gegenwärtigen bin ich „Onkel Tom" genannt
worden, und bin stolz auf diesen Titel gewesen. Sollte
ich auch nur ein klein wenig durch meine einfachen
Worte dazu beigetragen haben, jene begabte Frau zum
Schreiben der schmerzlichen Geschichte zu veranlassen,—
so hätte ich nicht vergeblich gelebt. Die Gefühle des
Publikums wurden durch dieselbe erweckt und die Herzen
von Mitleid für die leidenden Sklaven erfüllt. Das
Buch war der Anfang eines herrlichen Endes, ein Keil,
der endlich den ganzen gigantischen Bau der Sklaverei
zusammenreißen mußte.

Frau Beecher läßt allerdings ihren Helden sterben,
und es war vielleicht so am besten für den Abschluß
ihrer Geschichte, und wenn Gott mir nicht die Consti-
tution eines Riesen gegeben hätte, so wäre ich auch zehn
Mal gestorben, bevor ich Canada erreichte. Ich be-
trachte es überhaupt als einen Hauptcharakterzug meines
Lebens, daß ich mich immer wieder erholen konnte troz
der schrecklichsten Mißhandlungen und Strapazen. Ich
danke Gott für seine reiche Gnade, daß er mich aus
Egypten in das gelobte Land führte, und ich hoffe bis
zu meiner letzten Stunde Ihm ein treuer Knecht zu
sein.

Der weiße Sklave George Harris und sein Weib Elisa

waren meine persönlichen Freunde. George Harris,
dessen eigentlicher Name Lewis Clark ist, durchreiste
mit mir die Staaten New-Englands und hielt überall
Vorlesungen. Sein Blut ist vielleicht zu drei Theilen
weiß und er ist wirklich ganz der intelligente Mann, als
den Harriet Beecher ihn darstellt. Nachdem er der
Sklaverei entflohen war, lebte er längere Zeit mit
seiner Familie in Canada und zog später nach Oberlin
in Ohio, um seinen Kindern eine bessere Erziehung
geben zu lassen. In Canada herrschten nämlich an
gewissen Plätzen immer noch große Vorurtheile gegen
die Zulassung von Negern zu den Schulen der Weißen.
Und doch bezahlten die Neger so gut ihre Abgaben und
dieselben Schultaxen, wie die weißen Einwohner des
Landes.

Auch die interessante Geschichte der Elisa wird von
Vielen für übertrieben gehalten, und man erklärt es
für unglaublich, daß ein Sklavenweib auf solche Weise
entfliehen könne. Frau Beecher schilderte aber den
Charakter der Elisa nach einer wahren Begebenheit,
die sie den „Erinnerungen von Levi Coffin" entnahm,
und dieser schilderte die herzdurchdringende Begebenheit
wahrheitsgetreu, wie er sie selbst aus dem Munde des
Sklavenweibes erfuhr. Elisa war eine Sklavin aus
Kentucky, und ihr Eigenthümer wohnte einige Meilen
unterhalb Ripley, einige Stunden vom Ohiofluß entfernt. Ihr Herr und auch dessen Frau waren immer
sehr freundlich gegen sie gewesen, und sie hatte eine ganz

angenehme Heimath, bis ihr Herr in pecuniäre Ver=
legenheit gerieth und den Entschluß faßte, Elisa zu
verkaufen. Diese war außer sich vor Schmerz bei dem
Gedanken, von ihrem geliebten Kinde, einem hübschen,
zweijährigen und vielversprechenden Knaben, getrennt
werden zu sollen. Zwei Kinder hatte sie schon durch
den Tod verloren, und um so weniger wollte sie sich von
diesem einzigen scheiden, und faßte daher den Entschluß,
in der nächsten Nacht mit ihrem Kinde zu entfliehen.
Sobald es dunkel geworden war und die Familie sich
zur Ruhe zurückgezogen hatte, nahm sie ihr Kind auf
den Arm, verließ das Haus und eilte dem Ohiofluß zu,
den sie mit Leichtigkeit zu überschreiten hoffte, da er ge=
wöhnlich in dieser Jahreszeit zugefroren war. Wie
groß war aber ihre Enttäuschung, als sie bei'm ersten
Tageslicht bemerkte, daß das Eis bereits gebrochen war
und in großen Stücken im Flusse umher schwamm.
Sie wagte sich in ein nahe liegendes Haus, wo man sie
auch freundlich aufnahm und ihr erlaubte, den Tag
über dort zu verbleiben. Bis zum Abend hoffte die
arme Mutter irgend einen Weg zu entdecken, um über
den Fluß zu gelangen; aber das Eis brach nur noch
mehr während des Tages und das Ueberschreiten des
Flusses wurde immer gefährlicher. So wie aber Elisa
ihre Verfolger heran kommen hörte, hielt sie nichts mehr
zurück, sie wollte lieber im Flusse sterben, als in die
Hände ihrer Feinde fallen. Mit dem linken Arm preßte
sie ihren Knaben an die Brust und sprang mit ver=

zweifelten Entschluß auf das erste Stück Eis, gerade in dem Augenblick, in dem ihre Verfolger sie entdeckten. Von einer Eisscholle zur andern sprang sie, und wenn eine derselben unter ihrem Gewichte sank, so schleuderte sie ihr Kind auf die nächste und schwang sich selbst mit ungeheurer Anstrengung ihrem Kleinod nach. Sie war durchnäßt von Eiswasser bis auf die Haut, ihre Finger waren steif vor Kälte, aber sie fühlte, daß Gott sie schütze und keine Gefahr ihr schaden könne.

Als sie das Ufer erreichte, war sie gänzlich erschöpft. Ein Mann, welcher dort gestanden und ihre Flucht mit Verwunderung angestaunt, und jeden Augenblick erwartet hatte, daß sie untersinken würde, brachte sie in ein nahe liegendes Haus, wo man sie liebevoll aufnahm und verpflegte. Da man es aber nicht für gerathen hielt, daß sie über Nacht in dem Hause blieb, so versah man sie mit Nahrung und trockener Kleidung und führte sie einige Meilen stromaufwärts. Am nächsten Tage brachte man sie wieder einige Stationen weiter und so fort, bis sie unser Haus in Newport erreichte, wo sie einige Tage verweilte. Mittlerweile kamen noch andere Flüchtlinge an, und man schickte Elisa und ihr Kind mit diesen nach Sandusky in Ohio, wo sie glücklich ankamen, und dann über den See nach Canada fuhren, woselbst sie sich in Chatham niederließen. Elisa starb in Oberlin.

Auf Riley's Plantage befand sich ein Negermädchen, Namens Dinah, welche bis auf's Haar Frau Beecher's

Topsy glich. Dinah war so klug und schlau wie ein
Fuchs, aber sie handelte wie eine Irrsinnige, um dadurch ihre Herrin zu täuschen. Wenn diese zu ihr sagte:
„Dinah, gehe hin und thue deine Arbeit," so erwiderte
sie: „Ja, ja, wenn ich fertig bin," oder: „geh', und
thue es selbst." Sie that die albernsten und unartig-
sten Dinge, entging aber der Bestrafung, eben weil
ihre Herrin sie für schwachsinnig hielt.

Nicht weit von dieser Farm lebte auch ein Herr, Namens St. Clair, der ebenso gutherzig war, wie Frau
Beecher Stowe's St. Clair. Bald nachdem ich die
Gegend verlassen, erfuhr ich, daß er sich bekehrt, seinen
Sklaven die Freiheit gegeben habe und nach Indiana
gezogen sei, woselbst er als ein Methodistenprediger
wirke.

Es ist Thatsache, daß, sobald ein Sklavenhalter erweckt wurde, er entweder seine Sklaven oder seine
religiöse Ueberzeugung aufgeben mußte, da beide nicht
neben einander bestehen konnten. St. Clair hatte ein
liebes, kleines Mädchen, das gut als Original für die
süße, kleine Eva dienen könnte. Ueberhaupt waren die
Kinder der Sklavenbesitzer oft liebe, kleine Wesen, bis
endlich leider die Umstände in den meisten Fällen auch
die sanftesten Anlagen in Herzlosigkeit und Selbstsucht
verwandelten. Bryce Litton, der meinen Arm brach
und mich für mein Leben lang verstümmelte, könnte gut
für Frau Beecher's grausamen Legree eintreten. Litton
war der grausamste und tyrannischste Mensch, den ich

je in meinem Leben kennen lernte, und ich darf wohl be=
haupten, daß sein rachsüchtiger und tückischer Geist ihn
auch zu den grausamsten Verbrechen getrieben haben
würde. Er führte ein Schweineleben und starb wie ein
Hund einige Jahre, nachdem ich das Land verlassen
hatte. Er wurde allgemein verachtet, selbst unter den
Sklavenhaltern, denn wenn einmal ein Aufseher die
Schranke übertrat, die sie Menschlichkeit nannten, dann
war er so zu sagen geächtet und seine Laufbahn war
keine glückliche. Aus dem Gesagten erhellt also zur
Genüge, daß Frau Beecher Stowe's Buch durchaus
keinen übertriebenen Bericht der gesellschaftlichen Zu=
stände enthält. Ich könnte ein Buch füllen mit Fällen
aus meiner eigenen Erfahrung, die es deutlich beweisen
würden, daß ein Sklavenbesitzer alle zehn Gebote unge=
straft brechen durfte und es auch häufig genug that.
Die Wahrheit ist noch nie zur Hälfte erzählt worden,
weil sie zu schrecklich anzuhören wäre, und ich könnte
Thatsachen berichten, über die jeder fühlende Mensch
schaudern und erbleichen würde.

Fünfundzwanzigstes Kapitel.

Einiges über unsere Arbeitsschule in Dawn.

Ich habe bereits erwähnt, daß ich während meiner Anwesenheit in England das Geld zur Deckung unserer Mühlenschuld zusammenbrachte, und außerdem collektirte ich noch £1000 für die Unkosten der Schule. Das Geld ließ ich in den Händen des Schatzmeisters, eines Herrn Gurney. Dieser nun trat in Verbindung mit dem Schulcommittee in Dawn, und sagte den Mitgliedern desselben, wie die Schule gewiß eine der schönsten Pflanzstätten im Weinberge des Herrn werden könne, wenn sie nur einen tüchtigen Mann hätten, der die Oberaufsicht und die Leitung ihrer Angelegenheiten übernehmen würde. Alle, bis auf ein Glied des Committees, boten darauf dem Herrn Gurney diese Stellung an, die er auch annahm, und versprach alle Schulden der Schule bezahlen zu wollen. Er trug dem Committee in London die Angelegenheit vor; dieses aber gab ihm den Bescheid, daß es ihn nicht zu derartigen Versprechungen authorisirt habe, und daher auch

durchaus keine Verantwortlichkeit für die pekuniären
Verluste der Schule übernehmen wolle.

Herr Gurney kam darauf mit seiner Familie nach
Canada und brachte das von mir collektirte Geld mit.
Er begann zuerst, die Schulden abzutragen und nahm
dann den mit der Schule verbundenen Landbesitz ganz
in seine Hände, wobei er versprach, daß er uns eine
Schule erbauen wolle (die alte ließ er nämlich nieder=
reißen), wie es keine zweite in der Nachbarschaft gäbe.
Die Worte "de novo", die er dabei äußerte, werde ich
nie wieder vergessen, weil sie mir so großartig und viel=
versprechend in das Ohr tönten. Wäre der Mann nicht
so ganz und gar unpraktisch gewesen, so hätte er sein
Versprechen auch vielleicht erfüllt, denn ich zweifle nicht
daran, daß ihm das Wohl der schwarzen Bevölkerung
im Anfange am Herzen lag und er die besten Absichten
hatte. Leider aber suchte er allerlei Neuerungen ein=
zuführen, und wollte, wie er sich ausdrückte, eine Mu=
sterfarm errichten, die ihm viel Geld kostete, aber wenig
einbrachte. Meine Rathschläge wies er entschieden
zurück, und ich konnte nichts anderes thun, als ruhig
zusehen und warten.

Im Anfange sahen auch unsere Leute geduldig zu
und hofften von einem Jahre zum andern, daß Herr
Gurney mit dem Bau der Schule beginnen und seine
Versprechungen wahr machen werde. Als aber auch
das dritte, vierte und fünfte Jahr verstrich und immer
noch keine Schule erbaut wurde, da entstand eine all=

gemeine Unzufriedenheit. Man sah deutlich, daß die Ausgaben die Einnahmen überstiegen, und doch hatte Gurney seine eigene und auch die Familie seines Schwagers zu unterhalten. Endlich gerieth er in Geldverlegenheit und borgte zu verschiedenen Malen kleinere Summen von mir, während seines Schwagers Kinder oft in unserem Hause um Nahrung ansprachen und das Beste erhielten, das wir hatten. Als aber auch das neunte Jahr wieder verstrich, ohne daß etwas Ernstliches geschah, und man mich jetzt auch beschuldigte, daß ich mit Gurney unter einer Decke stecke und daß wir nur unsern eigenen Vortheil im Auge hätten, da entschloß ich mich zu handeln. Ich begab mich zu Herrn Gurney und fragte ihn so bescheiden wie möglich, wann er denn mit dem Schulbau zu beginnen gedächte. „Wenn ich Lust habe," war seine kurze Antwort. Ich theilte ihm dann etwas über die öffentliche Meinung mit, und daß auch meine Ehre auf dem Spiele stehe. Er erwiderte mir: „Was geht mich Ihre Ehre an, und um die Leute bekümmere ich mich gar nicht." „Aber, wäre es dann nicht besser, wenn Sie die Farm verlassen würden und uns unsere eigenen Angelegenheiten allein überließen?" wagte ich ihn zu fragen. „Bezahlt mir alle meine Ausgaben, die ich während der langen Jahre gehabt habe, um diesen Platz zu heben," antwortete er mit Aufregung, „und ich werde sogleich gehen."

In diesem Augenblick fielen mir die Schuppen von meinen Augen. Meinen Freunden und Brüdern theilte

ich traurigen Herzens mit, daß wir getäuscht worden
seien, und sie gaben mir jetzt die Vollmacht, nach besten
Kräften dem Gurney entgegen zu handeln.

Es entstand ein langwieriger Prozeß, der Jahre lang
währte, viel Geld kostete und mich nöthigte, meine
besten Besitzungen zu verkaufen, da ich mich zur Zah=
lung der Gerichtskosten verpflichtet hatte. Endlich
wurde er zu unsern Gunsten entschieden und Gurney
hatte das Feld zu räumen. Wir verkauften einen Theil
unseres Grundbesitzes zu einem annehmbaren Preise
und konnten bald eine gute Schule erbauen, die auch in
den kommenden Jahren sehr gut besucht wurde.

Ich hatte aber während der Zeit viel gelernt und
wieder auf's Neue erfahren, wie wichtig es für die
schwarze Bevölkerung sei, sich mehr mit ihrem natür=
lichen und unveräußerlichen Rechten bekannt zu machen,
die sie als freie Männer und Bürger Canada's besaßen.

Sechsundzwanzigstes Kapitel.

Zerstörte Götzen.

Da sich gewiß manche meiner freundlichen Leser für die Sägemühle interessirt haben, die auf unserem Grund und Boden erbaut worden war, so will ich hier auch noch Einiges über ihr Schicksal erwähnen. Es erforderte eine gute Summe Geldes, dieselbe zu erbauen, mehr noch, sie in gehörigem Betrieb zu erhalten; dennoch aber würde sie für uns mit der Zeit immer mehr an Werth gewonnen haben, wenn sie unter der Aufsicht eines rechtlichen Mannes gestanden hätte. Trotzdem wir aber für eine Zeit lang gar keine Schule besaßen, hatte man doch die Mühle verpachtet an einen Mann, der 54 Arbeiter beschäftigte und das Geschäft auch zuerst sehr in die Höhe brachte. Viele tausend Fuß des prächtigsten Holzes wurden gesägt und auf dem Flusse Sydenham nach Detroit und allen Theilen der Vereinigten Staaten geschickt. Dann folgte eine Zeit des Stillstandes, lediglich weil Niemand da war, der sich gehörig um das Geschäft bekümmerte;

und als endlich doch wieder eine große Anzahl Bretter
zum Versenden bereit lag, wurden drei Schiffe damit
gefüllt und dieselben nach irgend einem unbekannten
Hafen geschickt. Mit ihnen verschwand auch der Päch=
ter auf Nimmerwiedersehen. Er hatte vorgegeben,
eine Geschäftsreise unternehmen zu müssen, und seine
Arbeiter, die er unbezahlt und in einem halbverhunger=
ten Zustande zurückließ, warteten eine Zeit lang auf
seine Wiederkehr, ließen aber dann ihren Zorn und ihre
Rache an der Mühle aus, die sie bis auf den Grund
zerstörten. Auf diese Weise fand jenes werthvolle
Gebäude, das mir so viele Mühe und Sorge gemacht
und sich uns in jeder Hinsicht so nützlich erwiesen
hatte, seinen Untergang. Es war mir, als wäre ich
ich von einem mir liebgewordenen Götzen geschieden,
dem ich vielleicht zu viel Interesse geschenkt hatte.

Obgleich Canada das Land der Freiheit für die
flüchtigen Sklaven war, so begegneten sie doch zuerst
ihrer Farbe wegen so vielen Vorurtheilen, daß es z. B.
fast unmöglich für sie war, ihr Getreide mahlen zu
lassen. Oft konnte ein Schwarzer mit seinem Getreide
auf dem Rücken Stunden lang durch den tiefsten Koth
und Schmutz gehen, ehe er eine Mühle fand, die es
ihm mahlen wollte; kam er aber, es wieder zu holen,
so wurde er einfach abgewiesen, so daß zuletzt den
Schwarzen der Muth entsank und sie es für überflüssig
hielten, überhaupt noch Getreide zu bauen. Wenn
aber das nicht geschah, woher sollten sie ihr Mehl

und ihr Brod nehmen? Die Sache wurde mir zu einem wirklichen Herzenskummer, und da ich selbst kein erspartes Geld besaß, so machte ich mich noch einmal nach Boston auf, um Hülfe und Rath bei den treuen Freunden zu suchen, die mir schon so oft geholfen hatten. Ich erkannte nämlich, daß das einzige Mittel, um dem Uebelstande abzuhelfen, eine eigene Kornmühle sein würde, die unabhängig von allen anderen Mühlen allein für uns arbeiten sollte.

Meine Bostoner Freunde, deren Hülfe mir noch nie zur Zeit der Noth gefehlt hatte, halfen auch dieses Mal wieder, und durch ihre Vermittelung kollektirte ich in kurzer Zeit 5000 Dollars und erlangte den Plan für eine Dampfmühle. Es währte nicht lange, so stand dieselbe auf unserem Grund und Boden, und wir waren im Stande, für die ganze Nachbarschaft zu mahlen. Das war ein entschiedener Fortschritt.

Die Mühle war mein persönliches Eigenthum, stand aber auf dem Grunde, der zur Schule gehörte, und als nun der Schulprozeß begann, mußte ich auf eine List sinnen, die Mühle insgeheim von diesem Grunde zu entfernen, da im anderen Falle jener Gurney, dessen ich im vorigen Kapitel erwähnte, sie ungestraft unter der Hand hätte verkaufen können. Ich verbarg daher in einer Sonntag-Nacht dreißig Mann in der Mühle, die dieselbe gleich nach Mitternacht bis auf den Grund abbrachen, und Gebälk, Maschinen und Alles, was

beweglich war, auf die nahe Landstraße trugen, so
daß am Montag Morgen die Mühle wie durch Zau-
berkraft von ihrer Stelle entrückt zu sein schien.   Zwölf
Wagen führten das Material sogleich nach Dresden,
wo wir die Mühle wieder auf's Neue errichteten und
wo sie bis heute sich noch in vollem Betriebe befindet.

Siebenundzwanzigstes Kapitel.

Sklavenflüchtlinge in der Armee.

Während des Aufstandes in Canada war ich Kapitän der zweiten Compagnie des schwarzen Freiwilligenkorps, denn wenn ich auch keine Flinte zu tragen vermochte, so konnte ich doch ein Schwert führen. Meine Compagnie besetzte die Festung Maldon von Weihnachten bis zum Mai des folgenden Jahres und nahm den Schooner Ann mit seiner ganzen Ladung und Besatzung gefangen. Durch die letztere tapfere Handlung trugen wir viel zur Beendigung des Aufstandes bei, da die Rebellen sich keinen Proviant zu verschaffen vermochten. Die Regierung hatte uns einst eine Heimath gegeben, als wir der Sklaverei entflohen waren, und wir waren dafür willig, die Regierung jetzt nach Kräften gegen die Rebellen zu unterstützen.

Mein Schwert hatte sich bereits wieder in eine Pflugschaar verwandelt, als der amerikanische Bürgerkrieg ausbrach, von dem unsere Schwarzen ganz richtig urtheilten, daß er mit der Aufhebung der Sklaverei endigen werde. Hätte ich eine Waffe führen können, so wäre ich selbst in die Armee eingetreten, so konnte ich nicht mehr thun, als die junge waffenfähige Mannschaft aufzufordern, auf die Seite der Regierung zu treten. Mein ältester Sohn Tom ging in San Francisco auf ein Kriegsschiff der Ver. Staaten, und da ich nie wieder von ihm hörte, so muß ich wohl an= nehmen, daß er gestorben ist.

Mein Schwiegersohn Wheeler trat in Detroit in die Armee ein, und wo ich Gelegenheit hatte, rieth ich An= deren, dasselbe zu thun, und zwar früh genug, damit ihnen das Handgeld nicht verloren gehe; bis sie aber dieses ihren Familien schicken könnten, wollte ich die ärmeren derselben unterstützen. Die erste Schaar, die meinem Rathe folgte, verlor ihr Handgeld durch Spitz= buben, die sich auf die Lauer gelegt hatten, und um die zweite vor diesem Schicksal zu bewahren, begleitete ich dieselben in eigener Person. Einer, Namens John Alexander, hatte sich auch freiwillig angeschlossen, und weil seine Familie arm war, sandte ich derselben etwas Schweinefleisch und Kleidungsstücke. Zu guterletzt aber entwischte dieser Alexander und beschuldigte mich in meiner Heimath, daß ich ihn und Andere überredet habe, in die Armee einzutreten. Er bestätigte seine Aussage vor dem Magistrat und meine Frau telegra= phirte mir daher, lieber in Boston zu verbleiben, da meiner sieben Jahre Gefängniß warteten, wenn man mich schuldig finden würde. Zuerst entschloß ich mich auch, ihrem Rath zu folgen, bis die erste Aufregung

vorüber gegangen sein würde; nach reiflicher Ueber=
legung aber wollte ich doch lieber zurückkehren. Was
ich gethan, hatte ich um Christi willen und für eine
gute Sache gethan, und der Krieg war ein gerechter,
und jeder Schwarze hätte sich an demselben betheiligen
sollen. Ich sagte daher meinen Freunden Lebewohl
und schied von ihnen mit den Worten: „Gott helfe
mir! Ich will nicht fortlaufen, wenn ich nichts Un=
rechtes gethan habe."

Ich kehrte nach Dresden zurück und fuhr ganz frei
und öffentlich vor unsere Hausthür. Die Meinigen
begegneten mir mit Thränen in den Augen, und baten
mich, doch wieder umzukehren. „Nein," antwortete
ich ihnen, „ich will diesen Betrug öffentlich aufgeklärt
haben, da sich bereits die ganze Bevölkerung darüber
unterhalten hat." Es währte nicht lange, so kam der
Polizeibeamte, ein alter Freund von mir, und fragte im
scherzhaften Tone, ob ich ihm nicht Kartoffeln verkaufen
wolle. „Ich glaube," antwortete ich ihm in derselben
Weise, „es ist euch besonders zu thun um eine dicke,
schwarze Kartoffel, etwa von der Größe meines Kopfes;
wenn ihr diese haben wollt, könnt ihr sie nehmen."
Nach diesen Worten trat er sogleich auf mich zu, legte
seine Hand auf meine Schulter und sagte: „Henson,
im Namen der Königin, Sie sind mein Gefangener.
Hier ist der Verhaftsbefehl." Ich fand, daß schon vor
meiner Rückkehr zwei sehr geschickte Advokaten meine
Sache in die Hand genommen hatten; der eine von

ihnen war mein Freund, der andere hegte starke Vor=
urtheile gegen mich, in Folge des Schulprozesses. Mir
erlaubte man nicht, mich zu vertheidigen, noch einen
Advokaten zur Führung meiner Sache anzunehmen.
Meine Richter konnten sich aber nicht einigen, und be=
schlossen daher, an den Staatsanwalt zu appelliren.
Dieser kannte mich sehr genau. Ich hatte schon für
seine Eltern und Großeltern lange Jahre gearbeitet,
und er wußte, daß ich ein Mann war, der sein Wort
hielt und seine Pflichten treu und redlich erfüllte. Er
drückte mir seine Verwunderung aus, über eine solche
Anklage gegen mich, da ich doch besser mit den allge=
meinen Gesetzen bekannt sei, als die Mehrzahl der Be=
völkerung. „Wenn es wahr ist,“ sagte er, „was jener
John Alexander beschwört, so kann euch nichts von
sieben Jahren Gefängnißstrafe erretten. Erzählen Sie
mir doch einmal die Sache, Herr Henson.“ Ich theilte
ihm jetzt die volle Wahrheit mit, und gestand ein,
daß ich die Familie Alexanders unterstützt hätte, daß ich
aber dasselbe für jede Familie gethan haben würde, ob
weiß oder schwarz, wenn dieselbe sich in Noth befunden
hätte. Es sei dies John Alexanders einziger Beweis ge=
gen mich, da er meine Großmuth als Bestechung aus=
gelegt habe. Der Staatsanwalt erwiderte darauf:
„Wir alle kennen den Charakter Herrn Henson's, und
wissen, daß er ein ehrlicher und aufrichtiger Christ ist,
was weiß man aber über seinen Ankläger zu sagen?
Ich will die Sache bis Montag vertagen und mich

inzwischen erst nach dem Charakter Alexander's erkun=
digen."

Wie ich befreit werden würde aus dem Netz, das man
über mich geworfen, wußte ich nicht, aber ich vertraute
auf Gott, der mich schon so manches Mal gleich Daniel
aus des Löwen Rachen befreit hatte. In meinem Her=
zen rief ich aus: „O, Herr, errette mich, aber sei es im
Gefängniß oder unter freiem Himmel, so will ich doch
Deinen großen und heiligen Namen loben!"

Obwohl ich mich noch in Haft befand, erlaubte man
mir doch, am Samstag Abend nach Hause zu gehen.
In der Nacht kam ein Mann in unser Haus und sagte
mir: „Dort am Flusse befindet sich ein Mann, Namens
Smith, der aus derselben Gegend kommt, wo jener
John Alexander wohnte, ehe er nach Dresden zog.
Smith sagt, Alexander sei ein Dieb, und habe Wäsche
und andere Sachen aus einem Garten gestohlen. Man
habe ihn verhaften wollen, aber er sei entflohen, und
versuche es nun, einen unschuldigen Menschen in's Ge=
fängniß zu bringen. Sein Handwerk müsse ihm gelegt
werden." Nachdem der Mann mein Haus verlassen,
erschien der Polizeibeamte, und erlaubte mir, zu dem
mir befreundeten Advokaten zu eilen. Diesem theilte
ich nun mit, was ich über Alexander gehört. „Seien
Sie unbesorgt," tröstete er mich, „und verhalten Sie
sich ganz ruhig über den Sonntag. Am Montag werde
ich vor Sonnenaufgang am Flusse sein, und wenn ich
jenen Smith finde und er mir seine Aussagen wieder=

holt, so werde ich ihn mitbringen in die Gerichtssitzung."
Ich verhielt mich also den Sonntag über ganz ruhig,
und am Montag in der Sitzung flüsterte man sich schon
zu, daß ein Zeuge gegen John Alexander anwesend sei.
Der Staatsanwalt forderte denselben jetzt auf, und
fragte ihn: "Haben Sie je mit John Alexander zusam=
men gearbeitet? Ist er ein Mann von gutem Rufe,
und hat er einen ehrenhaften Charakter?" Smith er=
widerte: "Er ist einer der größten Spitzbuben, die ich
kenne." Alexander suchte ihn zu unterbrechen, aber
Smith sah ihm frei in's Gesicht, und sagte ihm: "Du
weißt ganz gut, daß, wenn du deinen Fuß auf den
Platz setztest, wo wir zusammen arbeiteten, so würde
man dich sofort ergreifen und in's Gefängniß schicken,
und dahin gehörst du auch, wenn du deinen verdienten
Lohn empfängst." "Was," rief der Rechtsanwalt
aus, "der Mann ist ein Spitzbube und hat keinen
Charakter?! Dann hat Herr Henson seine Entlas=
sung!"

Ein Jeder kann sich leicht vorstellen, wie ich und
meine Familie sich über den Ausgang dieser Angelegen=
heit freuten. Jener Alexander aber kam, und auf den
Knieen bekannte er seine Sünde, und bat mich um Got=
tes willen, ihm zu vergeben. Ich sagte ihm: "Es war
einer der gemeinsten und schlechtesten Streiche, den du
begehen konntest, meinen Charakter, der das Köstlichste
ist, was ich besitze, in meiner Abwesenheit zu beschim=
pfen. Du verdienst gehängt zu werden; aber ich über=

lasse dich dem, welchem die Rache gehört. Ich vergebe dir. Gehe hin und sündige nicht mehr."

Bald nachher ereignete sich ein ganz ähnlicher Fall, indem meine Gutherzigkeit mich noch einmal in einen Prozeß verwickelte. Ich kam jedoch auch aus diesem glücklich heraus, lernte aber wieder eine neue Lektion, nämlich in Zukunft den Schwarzen, welche als Freiwillige in die Armee treten wollten, weder Rath noch persönlichen Beistand zu ertheilen.

Achtundzwanzigſtes Kapitel.

Hemmniſſe in den Beſtrebungen meiner Jugend.

Die feurigſten Blitze fahren aus den dunkelſten Wol-
ken; die glänzendſten Talente finden ſich oft bei
Männern, die in den beſcheidenſten Wohnungen
lebten, und die höchſten Stellen in der Geſellſchaft werden bisweilen von Kindern eingenommen, die ohne
Unterricht und Anleitung aufwuchſen. Mir iſt es
ſelbſt ein Räthſel, auf welche Weiſe ich z. B. mit der
praktiſchen Rechenkunſt vertraut wurde, die ich in den
25 Jahren, während denen ich die Produkte von Riley's
Farm auf dem Markt in Waſhington verkaufte, nach
allen Seiten hin ausüben mußte.

Da ich die beſte Butter gewöhnlich für die erſten
Familien zurückbehielt, ſo kam ich dadurch in Verbindung
mit intelligenten Leuten und ich ſetzte meinen Stolz
darein, mir ſo viel als möglich von ihrer Redeweiſe an-
zueignen und das Eigenthümliche der Negerſprache abzu-
legen. Dadurch, daß ich oft Gerichtsſitzungen bei-

wohnte und ausgezeichneten Rechtsgelehrten zuhörte,
wurde ich mit den Gesetzen des Landes bekannt und
wußte mir in manchem Falle selber zu helfen.   Wäre
ich ein weißer Knabe gewesen und hätte Gelegenheit
zum Studiren gehabt, so würde ich die Rechte gewählt
haben und ich bin überzeugt, daß ich kein schlechter
Advokat geworden wäre.   Nie werde ich meinen ersten
Versuch, das Lesen zu erlernen, vergessen.   Ich war
etwa dreizehn Jahre alt, als ich über demselben fast
mein Leben eingebüßt hätte.   Da die Schulen für die
weißen Kinder gewöhnlich ein bis zwei Stunden von
den Plantagen entfernt lagen, so mußte in den meisten
Fällen ein Negerknabe die Kinder seines Herrn zur
Schule begleiten und sie am Nachmittage wieder holen.
Dasselbe hatte auch ein benachbarter Negerknabe, Wil=
liam, zu thun, und da er ein sehr intelligenter und ge=
schickter Bursche war, so lernte er das Lesen durch die
Unterhaltung der Knaben über ihre Schulaufgaben.
Ich freute mich so darüber, den William lesen zu hören,
daß ich entschlossen war, es auch zu lernen, und ich ver=
kaufte einige Aepfel aus unserem Obstgarten, um mir
ein Buchstabirbuch kaufen zu können.   Ich verbarg es
unter meiner Mütze; aber das Unglück wollte, daß mir
die Mütze und damit auch das Buch vom Kopfe fiel, als
ich eines Morgens das Reitpferd meines Herrn sattelte.
Er erblickte es sogleich und fragte mich: „Was ist
das?" „Ein Buchstabirbuch." „Wem gehört es?"
„Mir." „Woher hast du es bekommen?" „Gekauft,

Herr." „Wie viel kostet es?" „Zwölf Cents." „Wer
gab dir das Geld?" „Ich verkaufte einige Aepfel aus
unserem Obstgarten." „Aus u n s e r e m Obstgarten,"
rief er leidenschaftlich aus, „ich will dich lehren, was
das heißt. Gib mir das Buch!" Ich bückte mich, um
es aufzuheben, aber als ich seinen dicken Stock über
meinem Kopf bemerkte, zögerte ich. „Nimm das Buch
auf!" schrie er noch einmal und fluchte dabei schauerlich.
Ich bückte mich und empfing jetzt mit dem schwer be-
schlagenen Stock solche Schläge über Kopf und Nacken,
daß ich bald besinnungslos und blutend am Boden lag.
Meine Mutter fand mich in diesem Zustande und es
währte lange, bis ich wieder zu arbeiten vermochte.
Als mein Herr mich zum ersten Mal wieder erblickte,
sagte er höhnisch: „So, so, du willst wohl ein 'Gentleman' werden? Wenn ich dich noch einmal mit einem
Buche erblicke, so schlage ich dir den Hirnkasten ein."

Als ich zum ersten Mal predigte, entging ich nur mit
genauer Noth einer Strafe von 39 Riemenschlägen an
dem öffentlichen Strafposten in Alexandria, nahe bei
Washington. Ich fragte nämlich den dortigen Bürger-
meister, ob er mir erlauben wolle, in der Stadt zu predigen, und als Antwort darauf schickte er mich in's Gefängniß mit dem Befehl, mich peitschen zu lassen, wenn
ich nicht 25 Dollars bezahlen könne. Ich hatte kein
Geld bei mir und bat Gott, mir einen Ausweg zu zeigen. Zuletzt fand ich Jemand, den ich zu dem jungen
Frank schickte, der mir meine Uhr verkaufte und mich

auf diese Weise auslöste. Ehe wir jedoch die Stadt
verließen, sammelte ich alle Schwarzen um mich, und
der Herr öffnete mir meinen Mund, so daß ich ihnen
eine gesegnete Predigt halten konnte. Sobald dieselbe
beendigt war, sprangen wir sogleich in den Wagen und
jagten davon.

Unter ganz anderen Umständen redete ich einmal zu
einer großen Versammlung von Herren und Damen in
Tremont Temple in Boston, lange nachdem ich aus der
Sklaverei entflohen war. Ich hatte meine Rede fast
beendigt, als ich in der größten Aufregung ausrief:
„Ich wünschte, daß für 24 Stunden alle Sklavenbesitzer
in meine Hände gegeben wären." „Und, bitte, was
wollten Sie mit denselben thun?" fragte eine höhnische
Stimme aus dem Hintergrund der Versammlung. Es
herrschte eine lautlose Stille, und Viele, die meinen
Haß gegen die Sklaverei kannten und wußten, daß ich
genügenden Grund zu demselben hatte, fürchteten, daß ich
eine übereilte Antwort geben möchte. Ich antwortete
dem Fragesteller mit einer lauten und möglichst tiefen
Stimme: „Zuerst würde ich sie alle zu Gott zu bekehren
suchen und dann sie so schnell als möglich, ehe sie wie=
der zurückfallen könnten, in den Himmel hineinbeten."
Nach diesen Worten setzte ich mich und die Versamm=
lung endete mit einem schallenden Gelächter.

13

Neunundzwanzigstes Kapitel.

Meine Familie.

Nachdem mein theures Weib gestorben war, wurde mir Herz und Haus einsam, und für länger als vier Jahre konnte ich mich nicht entschließen, mir eine andere Lebensgefährtin zu erwählen. So weit ich auch umher kam, so wußte ich doch nur eine, die ich hätte zum Weibe nehmen mögen. Sie war eine Wittwe von sehr respektablem Charakter, eine Lehrerin in der Sonntagschule und eine wahre Mutter in der Kirche, der sie angehörte. Eine Quäkerdame in Balti= more hatte sie erzogen und sie in allen gewöhnlichen Fächern gründlich unterrichten lassen. Schon ihre Mutter, obwohl eine Sklavin, war eine tüchtige Frau gewesen und hatte durch ihre Geschicklichkeit in Behand= lung der Wäsche sich und ihrem Mann die Freiheit erkauft.

Zu wiederholten Malen besuchte ich die Wittwe in Boston, und konnte doch nicht den Muth finden, sie um ihre Einwilligung zu fragen; doch vor etwa zwei Jah= ren wurden wir von unserem Bischof, der gerade zu jener Zeit eine Anzahl von Gottesdiensten in Boston hielt, getraut. Ich habe ein gutes Weib in ihr gefunden und kann wirklich sagen, daß mein Becher überfließt von der Gnade und Güte Gottes.

Mein ältester Sohn Tom ging, wie schon erwähnt, während des Bürgerkrieges nach Californien, und fand seinen Tod wahrscheinlich im Seedienste. Mein zweiter Sohn Isaak war ein sehr geschickter und gottesfürchtiger Bursche, der durch die Güte einiger Freunde in London erzogen wurde. Er wurde als wesleyanischer Prediger ordinirt und predigte fünfzehn Jahre lang mit gutem Erfolg. Allgemein betrauerte man ihn, als er in einem Alter von siebenunddreißig Jahren starb. Mein dritter Sohn Josiah wünschte das Schuhmacherhandwerk zu erlernen, verblieb aber auf mein Zureden bei mir auf der Farm. Als er zwei und zwanzig Jahre alt war, heirathete er ein nettes und geachtetes Mädchen und begab sich nach Jackson, in Michigan, um endlich doch seinen Willen durchzusetzen und bei einem englischen Schuhmacher in die Lehre zu treten. Er mußte sich diesem auf zwei Jahre verpflichten, während seine junge Frau durch Waschen und Bügeln ihren Lebensunterhalt erwarb. Als er ausgelernt hatte, sagte mir sein Meister: „Der junge Josiah Henson ist sehr geschickt und kann jetzt ein eben so gutes Paar Stiefeln machen, wie ich selber." Mein Sohn begab sich darauf nach Adrian und kaufte einige Morgen Ackerland an, und während er im Winter sein Handwerk betrieb, ging

er im Frühjahr aus zu den besten Familien, um Schrei=
ner= und Tapezierarbeit zu verrichten. Er war ein
großer Freund der Gärtnerei und cultivirte eine große
Anzahl der verschiedenartigsten Fruchtbäume. Sein
Vermögen besteht gegenwärtig schon aus einigen tau=
send Dollars. Mein vierter Sohn, Peter, ist Land=
mann und befindet sich noch bei mir auf meiner Farm.
Meine vier Töchter, die alle gut lesen und schreiben kön=
nen, und deren eine zwei Jahre in Oberlin erzogen
wurde, sind jetzt alle verheirathet.

Als ich zuerst nach Canada kam, fand man viele hun=
dert Meilen im Umfang, weder Bibel noch Gesangbuch,
da kaum e i n Schwarzer im Stande war, zu lesen oder
zu schreiben, während die Grundelemente der Erziehung
jetzt in fast jedem Negerhäuschen zu finden sind. Nach=
dem es bekannt wurde, daß ich im Süden schon gepre=
digt hatte, wurde ich von allen Seiten aufgefordert,
dasselbe auch jetzt wieder zu thun, und als ein Aeltester
der Bisch. Methodistenkirche hatte ich einen Bezirk von
300 Meilen, den ich nach allen Richtungen hin bereiste
und überall Gottesdienste hielt.

Eine große Hülfe ward uns zu Theil von dem Pre=
diger Hughes, dem Colonial= und Continental-Missions=
sekretär in Canada, der am 11. April 1876 starb. Er
war sechszehn Jahre als Missionar außerordentlich thä=
tig in Canada, und bewies mir immer die wärmste
Freundschaft. Da er alle meine Verhältnisse kannte,
und wußte, wie ich durch die Bezahlung der Schulpro=

zeßkosten mein ganzes Vermögen einbüßte, so ermuthigte
er mich, noch einmal nach England zu gehen, wo man
mir gewiß helfen werde. Drei Monate, ehe ich Canada
verließ, wurde ich an sein Sterbebett gerufen. Er starb,
wie er gelebt hatte, als ein wahrer Christ. Seine letzten Augenblicke waren friedlich, und sein Glaube bis
zuletzt triumphirend. Als ich nach London kam, fand
ich, daß er mich bereits folgendermaßen dort eingeführt
hatte: „Josiah Henson (Frau Beecher Stowe's Onkel
Tom), welcher bereits gut in London bekannt ist, beabsichtigt in einigen Wochen wieder nach London zu gehen.
Sein hauptsächlicher Zweck ist, Geld zu collektiren zur
Abtragung einer schweren Schuld, die auf dem Eigenthum des Dawn Institutes lastet, in Folge des langen
Schulprozesses, der verloren gegangen sein würde ohne
Henson's thätige Hülfe. Er trug alle Unkosten des
Prozesses, und als derselbige beendigt war, stellte es
sich heraus, daß die vom Gerichte angestellten Verwal-
ter durchaus keine Macht besaßen, ihm aus dem Ertrag
des Gutes seine Unkosten zurück zu erstatten. Die
30,000 Dollars, die man aus dem Verkauf eines
Theiles des Besitzes löste, dienten zur Erbauung des
Wilberforce Erziehungs-Institutes, das jetzt in voller
Blüthe steht, und unter treuer Verwaltung ein großer
Segen für die schwarze Bevölkerung zu werden ver-
spricht. Für einen Mann in dem hohen Alter von 87
Jahren ist eine Reise nach England kein kleines Unternehmen, aber obwohl Henson nicht mehr der Mann ist,

der er vor 25 Jahren war, als er zum letzten Mal England besuchte, so besitzt er doch eine außerordentliche
leibliche und geistige Energie, und ich hoffe, daß er in
seinem Unternehmen erfolgreich sein möge in der Collek-
tirung der Prozeßkosten."

*   *   *

Wir hören jetzt auf, Josiah Henson selber redend anzuführen, und unterlassen auch die wörtliche Wieder-
gabe der ihm von Amerika aus mitgegebenen Zeugnisse,
da dieselben für unsere deutschen Leser doch zu wenig
Interesse haben dürften. Es sei nur gesagt, daß der
Held unserer Erzählung vollkommen seinen Zweck erreichte, und mit erleichtertem Herzen, erfüllt von Dankbarkeit gegen diejenigen, die ihm so treu geholfen, nach
Amerika zurückkehren konnte.

Bei seinem letzten Besuche in England mußte er natürlich finden, daß manche seiner alten Freunde in die bessere
Heimath abgerufen worden waren; andere, wie Samuel
Morley und George Sturge, empfingen ihn mit der alten
Freundschaft, und gaben ihm jeder £50 zur Abtragung
der ihn drückenden Schuldenlast. Andere gaben £25,
und besonders unter den Herrnhutern fand Henson viele
freigebige Freunde.

Professor Fowler, aus New York, trug durch eine
Analyse des Charakters unseres alten Freundes, gestützt
auf eine phrenologische Untersuchung seines Kopfes,
viel zur Erweckung eines allgemeinen Interesses für ihn
bei, während der Herausgeber des englischen Originals

John Lobb, den Negergreis in fast alle Versammlungen begleitete, und ihm als Vorsitzer eine thatkräftige Hülfe lieh.

Von allen Seiten, selbst aus Irland und Schottland, ergingen Einladungen an „Onkel Tom", aber seine Kräfte erlaubten ihm nicht, denselben Folge zu leisten. In London und Umgegend redete er jedoch an mehr als hundert verschiedenen Plätzen: Kapellen, Kirchen und Hallen, und fast jedes Mal hatte er eine bedeutende Zuhörerzahl.

Seine Abschiedsrede hielt er in dem großen Tabernakel Spurgeon's, bei welcher Gelegenheit der Graf von Shaftesbury den Vorsitz führte, und wo mehr als 6000 Menschen versammelt waren, um die Abschiedsworte des alten Negers zu hören. Er sprach über eine Stunde lang mit der größten Freiheit, und sang zum Schluß zur Belustigung aller Anwesenden ein von ihm selbst gedichtetes und componirtes Negerlied, das Tausende von Sklaven gesungen haben, wenn sie im Begriffe standen, von einander getrennt zu werden. Man dankte darauf dem Grafen von Shaftesbury für das warme Interesse, das er nicht nur Josiah Henson, sondern überhaupt Jahre lang den Sklaven bewiesen habe. Der Graf selbst sprach darauf etwa folgende Worte: „Onkel Tom, den wir das Vergnügen hatten zu sehen und zu hören, ist ein leuchtendes Beispiel davon, was mit der so lange geknechteten Rasse der Neger wirklich geschehen könnte. Durch die Gnade Gottes ist sein Le-

ben bewahrt geblieben, trotz Allem, was er zu leiden
hatte von amerikanischen Sklavenhaltern, und er hat
sich durch seine eigene Kraft eine Stellung im Leben
errungen, die alle die falschen Behauptungen, daß ein
Neger für den Besitz der Freiheit nicht genug Intelligenz
besitze, zu Schanden macht.   Die, welche so von den
Negern geredet haben, kannten eben nicht die Kraft des
Evangeliums, und den Geist des Herrn, der alle Men=
schen auf dem weiten Erdenrund aus demselben Stoffe
schuf.   Die größte Anzahl der Sklaven, die sich ihre
Freiheit erwarben, leben jetzt in Glück und Freude, in
der Einigkeit des Glaubens, und in der Liebe zu ein=
ander und zu ihren weißen Brüdern.   Aber obwohl die
Sklaven durch ihre Freilassung nun aus der tiefsten
Versunkenheit herausgerissen worden sind, sollten wir
doch bedenken, wie viel noch für unsere schwarzen Brü=
der geschehen kann und muß."

Es wurde nun noch ein von dem Prediger H. Jackson
eigens dazu gedichtetes Lied dem scheidenden Onkel Tom
zum Abschied gesungen, und damit schloß die Versamm=
lung.   In ähnlicher Weise wie diese, wenn auch viel=
leicht weniger großartig, verliefen alle die zahlreichen
Zusammenkünfte, die im Interesse Henson's zusammen=
berufen wurden, und von allen Seiten wurden dem=
selben die größten Liebes= und Ehrenbezeugungen zu
Theil.   Bei einem Besuche, den er dem Grafen von
Shaftesbury machte, schickte dieser ihm seinen eigenen
Wagen auf die Station, und ließ ihn auch auf dieselbe

Weise zurückfahren; andere äußerten ihre Gefühle durch
Geldgeschenke, oder durch Aufmerksamkeiten gegen Frau
Henson, die bei einer Gelegenheit zwei schöne seidene
Kleider erhielt.

Zum Schluß seien noch die letzten Worte Josiah
Henson's angeführt:

„Ich danke meinem Gott, daß ich nun wieder im Begriffe stehe, nach meiner alten Heimath abzureisen und
die letzten Tage meines Lebens unter meinen eigenen
Leuten zu verbringen. Obgleich mein Lebensbecher voll
war von Schmerzen und Sorgen, so fließt er doch wieder über von der Gnade und Barmherzigkeit Gottes.
Wäre ich nicht mit den Härten und Mühseligkeiten dieses Lebens vertraut gewesen, so würde ich wahrscheinlich
auch nie die vielen Segnungen erkannt haben, die mir
zu Theil wurden. Bald wird meine Pilgerfahrt beendigt sein, und ich werde eingehen dürfen in meine lang-
ersehnte Heimath, und nicht mehr genöthigt sein, auf
und ab zu pilgern auf dieser Erde; Körper und Geist
werden dann erlöst sein von ihren Fesseln, und ich werde
Theil nehmen an der ewigen Seligkeit, und meinem himmlischen Vater Preis und Anbetung bringen
für alle Seine Gnade und Barmherzigkeit gegen mich."

Der Besuch Onkel Tom's und des Heraus=
gebers des englischen Originals
bei Ihrer Majestät, der Königin von England.

Da der warme Empfang, der Onkel Tom und seinem Begleiter, Herrn Lobb, von der Königin Englands zu Theil wurde, allgemeines Interesse erregte, und die Berichte über diesen Besuch vielfach verändert und ent= stellt erschienen, so lassen wir hier einen Auszug aus der Times folgen, für dessen wahrheitsgetreue Wieder= gabe wir bürgen können.

Am Montag, den 5. März, verließ der Prediger Josiah Henson (der Held in Frau Stowe's Erzählung: „Onkel Tom's Hütte"), London, um der Königin von England in ihrem Schlosse zu Windsor einen Besuch abzustatten. Seine zweite Frau und Herr Lobb, der Herausgeber von Josiah Henson's Lebensgeschichte, be= gleiteten ihn. Die kleine Gesellschaft kam um etwa ein Uhr an, und wurde von einem Herrn Biddulph freundlich empfangen und eingeladen, an einem schon bereiteten Frühstück Theil zu nehmen.

Um drei Uhr erschien die Königin, in Begleitung des Prinzen Leopold und der Prinzessin Beatrice und ihrer Ehrendamen Horatia Stapford und der Gräfin von Evall in den Corridor, der in das eichene Zimmer führt. Herr Henson wurde jetzt von dem Herrn Biddulph der

Königin vorgestellt und diese drückte ihr Erstaunen aus über die warmen und herzlichen Blicke des alten Mannes, die mit seinem hohen Alter fast in Widerspruch zu stehen schienen. Sie sagte ihm, daß sie sich freue, schon so lange mit seiner Lebensgeschichte bekannt gemacht worden zu sein, und überreichte ihm ihre Photographie, unterzeichnet: „Viktoria Regina 1877." Herr Henson dankte darauf der Königin in herzlichen Worten für die ihm widerfahrene Ehre und für den gnädigen Schutz, den sie stets seinen farbigen Brüdern in Canada hatte zu Theil werden lassen schon damals, als sie noch arme Sklavenflüchtlinge waren. Hierauf stellte Herr Bidulph Herrn Lobb als den Herausgeber von Josiah Henson's Autobiographie vor, von der die Königin bereits ein Exemplar erhalten, worauf diese erwiderte, mit welch großem Interesse sie das Buch gelesen habe. Beide Herren, Herr Henson und Herr Lobb, wurden hierauf aufgefordert, ihren Namen und das Datum ihrer Geburt in das Privatalbum der Königin einzutragen. Die Königin hatte die besondere Erlaubniß gegeben, daß das ganze Schloßpersonal den alten Onkel Tom sehen solle, und diesem wurde dann noch manches herzliche Willkommen und mancher kräftige Händedruck zu Theil. Nachdem die kleine Gesellschaft das ganze Schloß, die bewohnten sowohl als die unbewohnten Zimmer, besehen, verabschiedeten sie sich um etwa halb fünf Uhr. Als sie den Schloßhügel hinunter schritten, wurden sie von dem Dekan von Windsor und einigen anderen Herren empfangen, und im Gespräch mit diesen äußerte Onkel Tom, daß er bald sein acht und achtzigstes Lebensjahr zurückgelegt haben werde.

Der Besuch bei der Königin hatte einen tiefen Eindruck auf den alten Greis gemacht, und auf den ausdrücklichen Wunsch der Königin sandte ihr Herr Lobb Herrn und Frau Henson's Photographien, über deren Empfang sie eine herzliche Freude bezeigte.

Einige Skizzen aus dem Leben der Frau Beecher-Stowe.

Obgleich der Name der allgemein geachteten Frau, die einer edlen Familie entsprossen, sich ziemlich über die ganze Erde verbreitet hat, so dürfte es doch manchem unserer Leser interessant sein, etwas Näheres über ihren Charakter und ihre Lebensschicksale zu erfahren. Ihr Vater war Lyman Beecher, der zuerst das Schmiedehandwerk erlernte, dann einige Jahre die Universität in Yale besuchte, und die Predigerlaufbahn einschlug. Dr. Lyman Beecher war einige Jahre Pastor in Litchfield, und hier war es, wo Harriet Beecher im Jahre 1812 geboren wurde. Später lebte L. Beecher in Boston, und seit 1832 in Lane Seminary, bei Cincinnati. Hier übernahm Beecher die Direktion des Predigerseminars. Unterstützt wurde er in diesem Unter-

nehmen von Professor Calvin Stowe und für eine Zeit=
lang hatte das Werk auch den gewünschten Erfolg, bis
die damals aufsteigende Sklavenfrage seinen Sturz
herbei führte. Im Jahr 1830 brach die französische
Revolution aus, und in Folge dieser agirte man von
England aus gegen die Sklaverei in den amerikani=
schen Colonien. Schon viele derjenigen, die ihre Stimme
gegen die Sklaverei erhoben, waren von den amerikani=
schen Gerichtshöfen gefangen gesetzt worden, aber das
große geschichtliche Ereigniß hatte einmal die Aufmerk=
samkeit der Philanthropen auf die Uebelstände und
das in der Sklaverei verborgene Verbrechen gerichtet
und im Lane Seminar sprach man sich frei über diese
Sünde aller Sünden aus.

Der Pöbel drohte, und von Kentucky herüber eilten
Sklavenhändler, um gegen das Institut offenbare Ge=
walt anzuwenden. Das Eigenthum zu retten, legten
sich jetzt die Verwalter in's Mittel und beruhigten die
Menge mit der Versicherung, daß über die Sklaverei
unter den Studenten ferner nicht mehr gesprochen wer=
den dürfe. Dadurch wurde allerdings die äußere Ruhe
wieder hergestellt, aber im Inneren brach nun ein
Sturm los, der sich nicht wieder beschwichtigen ließ und
damit endete, daß sämmtliche Studirende sich weigerten,
der Aufforderung, ruhig zu sein, Folge zu leisten und
miteinander das Seminar verließen. Vergebens ver=
suchten Beecher und Stowe das Institut wieder zur
Blüthe zu bringen.

Von 1835—1847 war Cincinnati der eigentliche
Kampfplatz zwischen Sklaverei und Freiheit, und man
wird leicht verstehen, wie peinlich Frau Stowe bekannt
werden mußte mit den Schrecken der Sklaverei. Eine
Lieblingsroute der „unterirdischen Eisenbahn" (wie
man den Weg der Sklavenflüchtlinge bezeichnete) führte
über Walnut Hill (Wallnußhügel), nahe an Frau
Stowe's Haus vorüber. Die Stationen auf diesem
Wege bildeten Quäkerfamilien und andere Gegner der
Sklaverei, die etwa 15—20 Meilen weit auseinander
zwischen dem Ohiofluß und den nördlichen Seen lebten.
Diese hatten es sich zur Aufgabe gemacht, Sklavenflüchtlinge zu unterstützen, und sie brachten solche entweder zu Pferde oder auf bedeckten Wagen von Station
zu Station, bis dieselben den freien Boden Canada's
betraten und das britische Banner über ihrem Haupte
wehte.

Eine der ersten Stationen im Norden Cincinnati's
befand sich einige Meilen unterhalb Mill Creek, im
Hause des frommen und löwenherzigen Vanrant oder
„Van Tramp", wie er in „Onkel Tom's Hütte" genannt wird. Oft, oft wurde Frau Stowe in der Nacht
aufgeschreckt durch das Wagengerassel oder das Vorbei-
galoppiren der Pferde, besonders wenn Sklavenfänger
wie rasend ihrer Beute nachjagten.

Vanrant (der ehrliche Johann, wie man ihn allgemein nannte) stand immer bereit mit seinem Gefährt,
und gewöhnlich besaßen die Sklavenjäger nicht genug

Geschick, es mit ihm aufzunehmen. Es ist nun schon lange her, seitdem er den Tod eines Märtyrers für seine edlen Absichten erlitt.

Durch den langen Aufenthalt an der Grenze der Sklavenstaaten und durch manche Besuche, die Frau Stowe den Sklaven machte, hatte sie hinreichend Gelegenheit, ihre Beobachtungen anzustellen und Stoff zu sammeln für ihr Meisterwerk. Wir können nicht umhin, eine kleine Skizze von ihr aus dem Jahr 1840 anzuführen:

„Die Sklavenjäger, geschützt durch das Gesindel der Bevölkerung und aufgestachelt durch etliche Beamte und Kaufleute, griffen die Negerquartiere an. Etliche Häuser wurden mit Kanonen zusammengeschossen und mehrere Tage lang schien die Stadt der Gewalt und dem Verbrechen Preis gegeben zu sein. Neger, die ihr Eigenthum zu vertheidigen wagten, wurden getödtet und ihre Körper in den Straßen umher geschleift. Weiber wurden auf die schändlichste Weise mißhandelt, so daß Viele in Folge der erlittenen Unbill starben. Die Häuser wurden niedergebrannt, und Frauen, Männer und Kinder in die Sklaverei abgeführt. Von meinem Hause aus konnte ich deutlich das Geschrei der armen Opfer und das Rufen der Menge vernehmen; manchem armen Flüchtling verlieh ich Schutz und Obdach und vergoß reichlich Thränen mit ihm. Nachdem sich die Wuth des Pöbels gelegt, rafften die noch zurückgebliebenen Neger ihre irdische Habe zusammen und be-

gaben sich nach Canada.   Hunderte zogen an unserem
Hause vorüber, entweder in kleinen Gefährten oder zu
Fuß, ihre Kinder an der Hand führend.   Ich sah sogar
Frauen mit Säuglingen an ihrer Brust, weinend über
die zurückgelassenen Gatten, die entweder in dem Kampfe
gefallen oder in die Sklaverei geführt worden waren.“

Ehe wir diese Skizze schließen, möge noch erwähnt
sein, daß „Onkel Tom's Hütte“ nach dem Urtheil des
englischen Volkes den ersten Platz einnimmt unter den
Schönheiten der englischen Literatur.   Die größte
Freude für Frau Stowe muß jedoch die sein, daß die
Vorsehung ihr Leben so lange erhielt, daß sie die Erfül=
lung aller ihrer Gebete, das Ziel aller ihrer Anstrengun=
gen sehen durfte in dem Sturze des Sklavensystems.
Möchten die letzten Lebensjahre der Frau Stowe und
des alten Henson recht glückliche sein!   Möchten ihre
Geistesprodukte Frömmigkeit und Gottesfurcht auf
Erden vermehren!   Die Nacht ist kurz und bald wird
der Morgen anbrechen!